Ester_

DEBORA CHAYIL
SEINE LIEBE ZU DIR
POETRY AND MORE

Die Autorin dankt herzlich für die freundliche Genehmigung zur Veröffentlichung der Artikel aus der Zeitschrift *Folge mir nach*, der vielen Zitate aus der Bibel und aus anderen Quellen:
Elberfelder Bibel 1985, 1991, 2006, 2008, © by SCM R.Brockhaus in der SCM Verlagsgruppe GmbH, Witten/Holzgerlingen. *Hoffnung für alle* / die Bibelstellen sind der Übersetzung Hoffnung für alle ® entnommen, Copyright © 1983, 1996, 2002, 2009, 2015 by Biblica, Inc.®. Verwendet mit freundlicher Genehmigung des Herausgebers Fontis. *Bibeltext der Schlachter* Copyright © 2000 Genfer Bibelgesellschaft wiedergegeben mit freundlicher Genehmigung. Alle Rechte vorbehalten. Weitere verwendete Bibelausgaben: *Lutherbibel*, revidiert 2017, © 2016 Deutsche Bibelgesellsachaft, Stuttgart. *Bibeltext der Neuen Genfer Übersetzung* – Neues Testament und Psalmen Copyright © 2011 Genfer Bibelgesellschaft wiedergegeben mit freundlicher Genehmigung. Alle Rechte vorbehalten. *NeÜ bibel.heute* © Karl-Heinz Vanheiden und Christliche Verlagsgesellschaft Dillenburg. *BasisBibel. Das Neue Testament und die Psalmen*, © 2012 Deutsche Bibelgesellschaft, Stuttgart. *Menge Bibel*, 1939. *Neues Leben. Die Bibel*, © der deutschen Ausgabe 2002, 2006, 2017 SCM R.Brockhaus in der SCM Verlagsgruppe GmbH, Witten/Holzgerlingen. *Einheitsübersetzung der Heiligen Schrift*, vollständig durchgesehene und überarbeitete Ausgabe © 2016 Katholische Bibelanstalt GmbH, Stuttgart. Alle Rechte vorbehalten.

1. Auflage November 2020
Copyright © 2020 by Debora Chayil
Frankfurt am Main
Internet: www.ester-verlag.de
E-Mail: info@ester-verlag.de
Cover- und Buchgestaltung:
Renate Schlicht: www.renateschlicht.de

Printed in Denmark by ScandinavianBook

ISBN-Nr. Buch: 978-39822044-0-6

Zu meinem Buch

Du machst das Buch auf und blätterst
Ganz neugierig darin, ahnungslos,
Seite für Seite.
Doch was Du liest, betrifft Dein Leben –
Rein innerlich, berührt es Dich: Das Gedicht.

Doch ist das Gelesene ein reiner Zufall?
Mehr auch nicht?
Ich wage, es zu bezweifeln!
Gott weiß, zu was es bestimmt ist: Das Gedicht.

Fragen im Leben ohne Antworten,
Antworten ohne Fragen im Leben,
Reimt es sich,
Doch will es Dir was sagen: Das Gedicht.

In der Mitte des Buches – ganz wichtig –
Schlägt und pulsiert das Herz.
Drin befindet sich – mein Essay
Über die vollkommene Liebe.

Möge diese Liebe Dir eine Offenbarung sein,
Dich trösten, Dir helfen und aufzeigen
Die Themen in Deinem bisherigen Leben.
Möge sie Dir Weisheit und Zuversicht,
Hoffnung und Leben mit auf den Weg geben,
Auch in Glaubensfragen Dir behilflich sein.

Sei gewiss, wie jedes Gedicht
Bist auch Du einzigartig,
So, wie Du bist: »Geliebt!«
Verschiebe diesen Gedanken
Nicht auf morgen: Gott liebt Dich.

LEBEN

TOD

LIEBE

Geboren um zu leben

An einem Tag wie diesem
Erblicktest du das Licht der Welt.
Geboren wurdest du um zu leben.
Somit wurde dir gegeben: Das Leben.
Eine Gabe Gottes auf Erden für dich.
Ein kostbares Geschenk: Dein Leben.
Verschwende es nicht und halte es
Als größten Schatz, den du
Je bekommen hast.

Gott ist mein ganzes Glück

Der Herr steht mir immer vor Augen.
Mit ihm an meiner Seite falle ich nicht.
Darum ist mein Herz so fröhlich
Und meine Seele jubelt vor Freude.
Selbst meinem Leib geht es gut.
Ja, du gibst mich nicht dem Totenreich preis.
Du lässt mich das Grab noch nicht sehen.
Denn ich gehöre zu denen, die dir dienen.
So zeigst du mir den Weg zum Leben.
Viel Freude finde ich in deiner Gegenwart
Und immerwährendes Glück an deiner Seite.

Psalm 16,8-11 - Basis Bibel. Das Neue Testament und die Psalmen

PSALM 16

Alltag

Kein Tag ist so wie der andere, doch unser Alltag, der ist da. Ganz nah, ganz wahr – das alltägliche, das wiederkehrende, das gewöhnliche Leben. An allen Tagen findet sich das Alltägliche wieder. Wir schlafen ein und wachen auf, schlafen ein und stehen wieder auf. Das ist das Leben, im alltäglichen Sinn. Das ist das Überleben. Wenn das eigene Leben antriebslos und monoton wird, gleicht ein Tag dem anderen. Wenn aber Hektik und Reize uns überfluten, gelangen wir in einen Strudel, aus dem es schwerfällt, wieder herauszukommen. Gewinnt im Leben Sinnlosigkeit die Oberhand, fragen wir uns »wofür das Ganze«. Das Leben verliert an Würze. Sollten unsere Kraftquellen immer knapper werden, sodass wir innerlich ausbrennen, bitte ich dich, o Herr, erbaue uns. Stärke uns, denn in dir und mit dir ist die Kraft des ewigen Lebens.

Lebe

Lebe bewusst
Alle deine Tage
Die verbleiben
Im Leben

Lebe bewusst
Alle Tage
Deines Lebens

DEIN WORT IST MEINES FUSSES LEUCHTE UND EIN LICHT AUF MEINEM WEG.

PSALM 119, 105 – SCHLACHTER BIBEL

»ICH WILL DICH UNTERWEISEN UND DIR DEN WEG ZEIGEN, DEN DU GEHEN SOLLST. ICH WILL DICH BERATEN UND IMMER MEINEN BLICK AUF DICH RICHTEN.«

PSALM 32, 8 - NEUE GENFER ÜBERSETZUNG (NGÜ)

PSALM 119

Lebenslauf des Lebens

Ein Lauf besteht darin, einen Schritt nach dem anderen
zu gehen ohne stehen zu bleiben.

Einen Lebenslauf gehen wir mit allen kleinen
und großen Schritten im Leben, wahre Schritte, die uns
prägen, irgendwann.

Farben des Lebens

Farben des Lebens durchmischt, eintönig schwarz-weiß, bunt durchleuchtend, aufgehellt, doch manchmal auch traurig. Schwarz und Weiß sind die Kontraste des Lebens. Wunderschön und traurig zugleich. Ein Kommen, ein Gehen, ein Abschiednehmen, bis die völlige Dunkelheit uns im Leben einholt und die Farben auslöscht. Doch die Farbe der Dunkelheit ist nicht unendlich. Kehrt die Schönheit des Lichts zurück in den Farben der Hoffnung und Ermutigung, so werden wir traurige Momente im Leben bestehen. In Erinnerung an schmerzhafte Tage werden wir den Verlust eines lieben Menschen irgendwann in lieblicheren Farben ertragen können. Rot-durchbohrend-schmerzlich wird dann weißlich-rosa, unbegreiflich schön, spürbar leichter anzunehmen, das Leben wie es ist. An sonnigen Tagen lieblich, gelblich, schön, erhellend, in sanften strahlenden Tönen ist das Leben erleuchtend.

Doch an manchen Tagen wagen wir es kaum, die Sterne am Himmel anzuschauen, und alles im Leben scheint uns nächtlich-trüb, schwierig, schwarz bis dunkelblau. Doch bedeutet die erschreckende Dunkelheit einer Nacht ohne das Funkeln der Sterne nur ein Leben in farbloser Depression? Gott schenkt uns Licht. So waren seine Worte: »Es werde Licht.« Hoffnung kommt in diese innere dunkle Welt. Denn er ist die Liebe, die unsere Gedanken erhellt, bis aufs Herz erneuert werden wir. So wird es um uns heller. Wie herrlich himmlisch es uns gegeben ist, das Leben

in Farben zu träumen. Ein neuer Anfang, ein Neubeginn, der Himmel wolkenlos blau, die Erde in prächtigen Farben.

Das Leben annehmen

Nimm es an,
Die Fülle seiner
Liebe zu dir.
Gott liebt dich,
So wie du bist.

Geschaffen wurdest
Du im Leibe deiner Mutter.
Getragen und geborgen, gehalten
Monatelang im Verborgenen.
So wurdest du schon damals
Geliebt und erwartet,
Willkommen geheißen.

Sei frei von der Ungewissheit
Geliebt zu sein,
Und schreie mit Gewissheit in die Welt hinein:
»Das Leben ist mir gegeben, ich lebe!«

Nebel

Das Leben
Rückwärts gelesen:
Nebel.
Wir haben alle
Eine unklare Sicht
Auf das Leben
Und tappen
Meist im Dunkeln.
Bedeutungsvoll wie
Das Leben für uns ist,
Ist es dennoch vernebelt.
Unklar zu sehen,
Was kommen mag:
Ein einziges Rätsel.

Immer

Jeder Tag
Aufs Neue
Besonders,
Ganz anders als
Der vorherige.

Jeder Tag
Aufs Neue
Unvergleichlich,
Mit dem was gestern war.
Vergänglich, beendet, unwiderruflich,
Der gestrige.

Jeder Tag
Aufs Neue,
Ein Neuanfang
Bewusst zu leben,
Als wäre es
Der letzte.

Jeder Tag
Aufs Neue,
Ein Geschenk
Mir gegeben,
Mein Leben
In der Gegenwart.

Jeder Tag
Aufs Neue
Ein Versprechen,
Für dich da zu sein.
Dich zu ehren
Und zu lieben
Immer.

Versprochen

Jeder Tag aufs Neue ist ein Versprechen,
Immer für dich da zu sein.
Dich zu ehren und zu lieben, immer
Und immer wieder.

Ein Leben lang

Solange ich lebe
Bist du bei mir
Lieber Gott
Solange ich lebe
Hältst du mich am Leben
O Herr
Habe die Wahl
Zu entscheiden
Was mich ausmacht
Wie ich sein will
Solange ich lebe
Darf ich entscheiden
Woran ich glaube
Habe die Wahl
Im Hier und Jetzt
Zu leben
Zu geben
So viel ich will
Solange ich lebe
Hältst du mich aufrecht
Darf ich entscheiden
Welche Haltung ich in meinem Leben haben will
Solange ich lebe
Schlägt mein Herz
Es schlägt und schlägt
Und schlägt als wären es Schritte im Leben
Zu gehen den Weg der Wahrheit und des Glaubens
Ein Leben lang

Empfange das Leben

Vater, gütiger Vater. Gabst mir das Leben.
Schöpfer des Himmels und der Erde. Schöpfer des Lebens.
Entstanden bin ich durch deine unendliche Liebe.
Bevor ich mich sah, wolltest du mich.
Durch meine Eltern gabst du mir das Leben.
So bin ich geworden, die Erfüllung eines Herzenswunschs.
Geheimnis des Glaubens, geliebt sollst du sein, geboren um
zu leben:
Empfange das Leben.

Lebensquelle

Quelle des Lebens
Tiefe des Seins
Ursprung der Liebe
Sehnsucht in mir
Suche nach Nähe
Geborgen sein

Neu geboren
Und erfüllt
Will ich sein
Erfüllung im Herzen
Geboren zum Leben
Geliebt um zu geben
Die Liebe in mir
Tief

Wertschätzendes Leben

Das Leben ist ein Schatz –
Lerne das alltägliche Leben kennen,
Schätze das Leben.

Das Leben ist ein Schatz –
Lerne das alltägliche Leben kennen,
Schätzen, lebe!

Das Leben ist ein Schatz –
Lerne das alltägliche Leben kennen
Und wertschätzend zu leben.

Wertschätze das Leben
In der Fülle der Kleinigkeiten im Leben.

Erinnerung der Vergangenheit

Gespeichert bist du, Erinnerung
Vergangen, doch nicht vergessen
Mein Merkblatt
Mein gelebtes Leben

Keiner

Kein Tag gleicht dem anderen,
Auch über die Jahre nicht.
Keine Zeit bleibt einfach stehen
Trotz Erlebnissen und Geschehen,
Kein Mensch sieht aus wie der andere,
Auch nicht beim genaueren Hinsehen.
Kein Traum ähnelt dem anderen,
Auch nicht bei der Dunkelheit der Nacht.
Keiner wird vom Leben Abschied nehmen
Wie sein Vorgänger
In unserer kleinen Welt,
Keiner ...

Für den Fall der Fälle

Wenn ich morgen nicht
Mehr leben sollte
Und mein Tod einbricht
O Herr, dann beschütze meine Kinder
Die du mir einst anvertraut hast
Sie zu begleiten hier auf Erden
Will leben, nicht sterben
Doch manchmal kommt alles
Unverhofft, viel zu schnell
So möchte ich mich
An dich, Vater im Himmel, wenden
Für den Fall der Fälle
Erinnere ich dich
Meiner Bitte
Denn du bist immer da
Du bist unsterblich
Fürsorglich

Abschied nehmen

Papa,
Ich begleite dich,
Durch die schwere Krankheit hindurch,
Bis zur letzten Stunde deines Lebens.
Ich sah den Tod vor Augen.
Abschied nehmen empfand ich
Dennoch als Gnade
Für dich dagewesen zu sein.
Es war an einem sonnigen Tag.
Es war schmerzvoll und heilsam zugleich.
Meine Seele schwankte
Zwischen lobsingen und weinen,
Zwischen Tränen der Trauer und Tränen des Glücks.
Dich gehen zu lassen
Viel mir leicht doch schwer zugleich.
Ein Wiedersehen irgendwann,
An einem himmlischen Ort,
Gab mir Zuversicht, Wärme und Geborgenheit.
Ich war voller Dankbarkeit
Dir eine letzte Umarmung,
Dir einen letzten Kuss,
Dir ein letztes Wort
Ins Ohr geflüstert
Zu haben.

Ein Wiedersehen

Wir sehen uns wieder
Auf Wiedersehen
Zwischen jetzt
Und nie wieder
Ein Wiedersehen

In Erinnerung
An dich
Bleiben wir

Abschied genommen
Haben wir
Für ein Wiedersehen
Irgendwann

Trost

Wenn jemand stirbt
Lebt die Erinnerung
Im Herzen
Ohne Schmerzen
Irgendwann

ICH WILL IHRE TRAUER
IN FREUDE VERWANDELN
UND SIE TRÖSTEN
UND ERFREUEN
NACH IHREM SCHMERZ.

JEREMIA 31,13 - SCHLACHTER BIBEL

In Seelenruhe

In der Nacht bist du gegangen,
Von uns.

In der Nacht bist du gegangen,
Ohne Rücksicht auf uns.

In der Nacht bist du gegangen,
Schlafend.

In der Nacht bist du gegangen,
In aller Seelenruhe.

In dieser Nacht bist du gegangen,
Friedlich von uns.

Mit Zuversicht

Ein Augenblick der Stille.
Der Tod, der Tod ist
Eingebrochen in mein Haus
Wie ein Dieb, der kommt und stiehlt.
Ich besinne mich
Und vertrage es nicht:
Die Trauer.

Was trägt mich.
Ich fühle
Eine tiefe Leere in mir.
Ein Gefühl der Schwerelosigkeit
Überkommt mich.
Ich habe den Eindruck
In ein tiefes schwarzes Loch zu fallen
Und frage mich:
Komme ich dort jemals wieder raus.

Es ist der Glaube an Gott,
Der mich seither trägt.
Mir wird bewusst,
Wie kostbar tröstend
Seine Liebe ist.

Auch sei dir gesagt:
Alles wird kommen
Zur rechten Zeit.
Es wird dir gegeben.
Es wird dir genommen.
Irgendwann im Leben.

Bei Gott:
Hab' Geduld, hab' Vertrauen,
Habe keine Angst zu trauern,
Hab' Zuversicht,
Zuversicht im Leben.

IN ALLEM DRUCK,

UNTER DEM WIR STEHEN,

ERMUTIGT ER UNS,

DAMIT WIR UNSERERSEITS DIE ERMUTIGEN KÖNNEN,

DIE IRGENDWIE BEDRÜCKT WERDEN.

WEIL GOTT UNS GETRÖSTET UND ERMUTIGT HAT,

KÖNNEN WIR ANDERE TRÖSTEN UND ERMUTIGEN.

2. KORINTHER 1,4 - NEÜ BIBEL.HEUTE

Krone aller Viren: Corona

Du bist die Krone aller Viren,
Setzt alles lahm, was funktioniert,
Du greifst an und infizierst.
Gefährdest unsere Gesundheit.
Krank werden wir Menschen wegen dir.
Du bedrohst uns mit Ansteckung weltweit,
Kennst kein Limit und keine Grenzen.

Warum bist du da?
Was willst du?
Außer Schaden und Stillstand.

Du mischst dich zwischen die Leute,
Verbreitest Tod, Panik und Unheil.
Du erinnerst uns an unsere eigene Sterblichkeit,
Beherrschst die Welt mit Furcht und Schrecken.
Du bist die Krone aller Viren.
Woher kommst du eigentlich?
Eingedrungen bist du in die Gesellschaft,
Covid-19.
Du bist ein ungebetener Gast.

Machtlos stehen wir vor deiner stechenden Krone.
Du bist das Virus, das den Erdkreis umwandert
Und alles auf den Kopf stellt.
Zerstörung herrscht, seitdem du gekommen bist.

Bedrohst die Gesundheit, das Leben und die Wirtschaft.
Verursachst existenzielle Not und Stillstand,
Verbreitest Zukunfts- und Todesängste.
Vorsichtsmaßnahmen sind von den Regierungen
Getroffen worden, um einzudämmen
Eine Massenverbreitung.
Solidarität und Quarantäne sind jetzt angesagt
Zur Bekämpfung dieser weltweiten Pandemie.
Der Notstand ist ausgerufen worden, ärztliche
Versorgung,
Vorsichtsmaßnahmen wurden getroffen,
Sicherheitsvorkehrungen angeordnet.
Vernunft und gesunder Menschenverstand
Laden zur Vorsicht ein.

Wir befinden uns im Lockdown und in gegenseitiger
Abschottung.
Denn der Tod ist in diesen Tagen so nah
Wie nie zuvor, wie ein Schleier über uns,
Als würde er vor der Haustüre wütend
Umhergehen, um zu verschlingen die Lebendigen.
Gezählt wurden über Tausende, die es nicht überlebten.

Corona, dein Name bedarf keiner Ehrung.
Schrecklich wütest du weltweit.
Vernichtend ist die Seuchenplage.

Unsere Lebenszeit auf Erden ist begrenzt.
Auch wenn es uns nicht trifft,
Betroffen sind wir alle.
Wohlgemerkt verdanken wir Gott
Unser Leben jeden Tag.
Doch was passiert, wenn der Tod
Unerwartet über uns hereinbricht –
Sind wir dann gut vorbereitet,
Abschied zu nehmen vom Leben?
Spätestens jetzt wird uns bewusst,
Wie verkehrt wir doch manchmal leben.
Wir haben unsere Komfortzone
Der Gottlosigkeit maßlos übertrieben.
Herr der Lage sind und waren wir
Noch niemals auf Erden.
Das ist einigen Menschen gar nicht bewusst.
Sind wir eigentlich noch unter Gottes Schutz?
Es ist Zeit anzuerkennen,
Wie machtlos wir doch sind.

Wäre es nicht an der Zeit
Anzuerkennen,
Dass Gott der Herr aller Dinge ist?

In bedrohlichen Lebenslagen,
Zeiten von Seuchen und Plagen,

Mangel und Tod –
Möchte Gott uns vor einigem warnen!?

In bedrohlichen Lebenslagen,
Zeiten von Seuchen und Plagen,
Mangel und Tod –
Möchte Gott uns etwas
Offenbaren?

Unter Gottes Schutz

Wer unter dem Schutz des Höchsten wohnt,
der kann bei ihm, dem Allmächtigen, Ruhe finden.
Auch ich sage zum Herrn:
»Du schenkst mir Zuflucht wie eine sichere Burg!
Mein Gott, dir gehört mein ganzes Vertrauen!«

Er bewahrt dich vor versteckten Gefahren
und hält jede tödliche Krankheit von dir fern.
Wie ein Vogel seine Flügel über die Jungen
ausbreitet,
so wird er auch dich stets behüten und dir nahe
sein.
Seine Treue umgibt dich wie ein starker Schild.
Du brauchst keine Angst zu haben vor den Gefah-
ren der Nacht
oder den heimtückischen Angriffen bei Tag.
Selbst wenn die Pest im Dunkeln zuschlägt
und am hellen Tag das Fieber wütet,
musst du dich doch nicht fürchten.
Wenn tausend neben dir tot umfallen,
ja, wenn zehntausend um dich herum sterben –
dich selbst trifft es nicht!
Mit eigenen Augen wirst du sehen,
wie Gott es denen heimzahlt, die ihn missachten.

Du aber darfst sagen:
»Beim Herrn bin ich geborgen!«

Ja, bei Gott, dem Höchsten, hast du
Heimat gefunden.
Darum wird dir nichts Böses zustossen,
kein Unglück wird dein Haus erreichen.

Denn Gott wird dir seine Engel schicken,
um dich zu beschützen, wohin du auch gehst.

Sie werden dich auf Händen tragen,
und du wirst dich nicht einmal
an einem Stein stossen!
Löwen werden dir nichts anhaben,
auf Schlangen trittst du ohne Gefahr.
Gott sagt: »Er liebt mich von ganzem Herzen,
darum will ich ihn retten.
Ich werde ihn schützen,
weil er mich kennt und ehrt.
Wenn er zu mir ruft, erhöre ich ihn.
Wenn er keinen Ausweg mehr weiss, bin ich bei ihm.
Ich will ihn befreien und zu Ehren bringen.
Ich lasse ihn meine Rettung erfahren
und gebe ihm ein langes und erfülltes Leben!«

Psalm 91 - Hoffnung für Alle

Doch wenn Krankheit beraubt

Wenn die Krankheit uns eines lieben Menschens beraubt, dann fängt die Zeit des Trauerns an. Dann steht der Tod uns nahe vor Augen. Gekommen ist er, genommen hat er, was uns lieb war: Ein Menschenleben unter vielen. Es bleibt die Frage: Warum? Warum er? Warum sie? Warum?

Wenn die Krankheit uns eines lieben Menschens beraubt, dann fängt die Zeit zum Schreien an, zum Schweigen, zum Weinen, zum alles Hinterfragen. Es bleibt die Frage: Gott, warum? Dann fängt die Zeit des Klagens, des Vermissens, der Entmutigung an. Es gilt dann, Abschied zu nehmen. Es ist die Zeit der Einsamkeit, des Bedauerns, des Rückblicks. Die Zeit, das Unwiderrufliche anzunehmen und zurechtzukommen.

Wenn die Krankheit uns eines lieben Menschens beraubt, dann ist es Zeit, um Hilfe zu bitten, sie sogar einzuklagen, wütend und menschlich zu sein. Doch wisse, diese einsame Leere in deinem Herzen brauchst du nicht allein zu tragen. Gott kennt deinen Kummer, er kennt dein Elend und deinen Schmerz, er kennt deine Sorgen, wie kein anderer. Er liebt dich. Sei getröstet: Tod und Leben gehen überein. Er wandelt Trauer in Glückseligkeit und Glückseligkeit in Ewigkeit um, irgendwann.

Gebet: Allen Hinterbliebenen wünsche ich zutiefst Heilung im Herzen und mein innigstes Beileid. Vater, erfülle sie mit Hoffnung und Trost und sättige sie mit deiner unendlichen Liebe. *Debora Chayil*

Halte durch

Hol dir den Sieg
Auf dass Gott dich erhellt
Gott ist dir treu
Gib nicht aus heiterem Himmel auf
Halte durch, wenn die Nacht sich nähert
Und du ängstlich wirst
Gib nicht auf
Trockne deine Tränen
Halte, halte durch im Leben
Du, der keinen mehr hat, auf den er zählen kann
Du, der keine Zukunft mehr vor sich sieht
Du, der glaubt, versagt zu haben
Du, der einen lieben Menschen verloren hat
Halte, halte durch im Leben
Es bleibt nur noch ein Schritt
Um vorwärts zu gehen
Halte durch und gib deinen Glauben nicht auf
Gott hat einen Plan für dein Leben
Halte durch

Nicht von dieser Welt

Meine neue Heimat ist nicht mehr von dieser Welt. Denn wie Gott mich zu sich genommen hat, habe ich sie verlassen: Die Welt.

Wurde einst geboren, doch kurz war meine Lebenszeit. Erwartet wurde ich an einem himmlisch verborgenen Ort, wo der Tod keine Rolle mehr spielt und die Ewigkeit regiert. Blühende Schönheit, erwacht an einem Ort unsterblicher Liebe.

So wandere ich, es duften Rosen, ohne Dornen und Sorgen auf morgen. Mit welch hinreizendem, betörenden, zartem, himmlischen Duft, das verheißene Land, den Lebenden auf Erden nicht bekannt: Der Himmel. Nun weinet nicht, bin angekommen, macht euch um mich keine Sorgen, denn was ich sehe, ist nicht aus eurer Welt. Finde treffend keine Worte, die umschreiben neue Himmelsfarben aller Arten. Im Königreich, wo die Sonne in Herrlichkeit und Ewigkeit nie mehr untergeht, bin ich nun für immer. Meine neue Heimat leuchtet im Antlitz göttlicher Anwesenheit. Traumhafte Melodien erklingen im Schwingen einer Harfe jenseits aller Vorstellungskraft. Im funkelnd reinen purpurn weißen Edelstein ist nun geschrieben mein Name auf ewig. So bleibe ich im Himmelreich meines Vaters bis wir uns hoffentlich irgendwann einmal wiedersehen.

Vergangen, doch nicht vergessen

Was bleibt mir übrig zu tun,
Wenn alles vorbei ist,
Wenn der Tag sich geneigt hat
Und es keinen gemeinsamen Morgen mehr gibt,
Wenn der Mensch, den man liebte,
Erinnerung geworden ist.
Vergangen ist das gemeinsame Leben mit ihm.
Doch nicht vergessen,
Im Herzen immer da.
Im Herzen immer nah.

DER GEIST GOTTES DES HERRN IST AUF MIR,
WEIL DER HERR MICH GESALBT HAT.
ER HAT MICH GESANDT, DEN ELENDEN
GUTE BOTSCHAFT ZU BRINGEN,
DIE ZERBROCHENEN HERZEN ZU VERBINDEN,
ZU VERKÜNDIGEN DEN GEFANGENEN DIE FREIHEIT,
DEN GEBUNDENEN, DASS SIE FREI UND LEDIG SEIN
SOLLEN;
ZU VERKÜNDIGEN EIN GNÄDIGES JAHR DES HERREN
UND EINEN TAG DER RACHE UNSERES GOTTES,
ZU TRÖSTEN ALLE TRAUERNDEN,
ZU SCHAFFEN DEN TRAUERNDEN ZU ZION,
DASS IHNEN SCHMUCK STATT ASCHE,
FREUDENÖL STATT TRAUER,
SCHÖNE KLEIDER STATT EINES BETRÜBTEN GEISTES
GEGEBEN WERDEN ...

JESAJA 61, 1-3 / LUTHERBIBEL

Vom sicheren Tod gerettet

Nun hast du meine Trauer
verwandelt in einen fröhlichen Tanz,
mein Sackgewand entfernt und mich mit Freude
umhüllt!
Darum singt dir mein Herz und ist nicht mehr
stumm.
Jahwe, mein Gott, für immer danke ich dir!

Psalm 30, 12-13 / Neü Bibel.heute

Psalm 30

GOTT

Herr, du durchschaust mich

Herr, du durchschaust mich,
Du kennst mich durch und durch.
Ob ich sitze oder stehe – du weisst es,
Aus der Ferne erkennst du, was ich denke.
Ob ich gehe oder liege – du siehst mich,
Mein ganzes Leben ist dir vertraut.
Schon bevor ich anfange zu reden,
Weisst du, was ich sagen will.
Von allen Seiten umgibst du mich
Und hältst deine schützende Hand über mir.
Dass du mich so genau kennst,
Übersteigt meinen Verstand;
Es ist mir zu hoch, ich kann es nicht begreifen!
Wie könnte ich mich dir entziehen;
Wohin könnte ich fliehen, ohne dass du mich
siehst?
Stiege ich in den Himmel hinauf – du bist da!
Wollte ich mich im Totenreich verbergen – auch
dort bist du!
Eilte ich dorthin, wo die Sonne aufgeht,
Oder versteckte ich mich im äussersten Westen, wo
sie untergeht,
Dann würdest du auch dort mich führen
Und nicht mehr loslassen.
Wünschte ich mir: »Völlige Dunkelheit soll mich
umhüllen,

Psalm 139

Das Licht um mich her soll zur Nacht werden!«
– Für dich ist auch das Dunkel nicht finster;
Die Nacht scheint so hell wie der Tag
Und die Finsternis so strahlend wie das Licht.

Du hast mich mit meinem Innersten geschaffen,
im Leib meiner Mutter hast du mich gebildet.
Herr, ich danke dir dafür, dass du mich so wunder-
bar und einzigartig gemacht hast!
Grossartig ist alles, was du geschaffen hast – das
erkenne ich!
Schon als ich im Verborgenen Gestalt annahm,
unsichtbar noch, kunstvoll gebildet im Leib meiner
Mutter, da war ich dir dennoch nicht verborgen.
Als ich gerade erst entstand, hast du mich schon
gesehen.
Alle Tage meines Lebens hast du in dein Buch ge-
schrieben – noch bevor einer von ihnen begann!
Wie überwältigend sind deine Gedanken für mich,
o Gott,
es sind so unfassbar viele!
Sie sind zahlreicher als der Sand am Meer;
wollte ich sie alle zählen, ich käme nie zum Ende!

Psalm 139, 1-18 / Hoffnung für alle

Deine Hand über mich

Deine Herrlichkeit
Möge sich über mich ausbreiten wie ein Schleier,
Den Raum der Leere betreten und füllen.
Fülle mich mit deiner Liebe, o Herr.
Ich gebe dir mein Vertrauen.
Gott bewahre mich vor dem Bösen,
Deine Herrlichkeit möge bei mir sein.
Du hältst deine schützende Hand über mich.
Denn du bist mein Herr und mein Gott.

DER HERR, DEIN STARKER GOTT,
DER RETTER, IST BEI DIR.
BEGEISTERT FREUT ER SICH AN DIR.
VOR LIEBE IST ER SPRACHLOS ERGRIFFEN UND JAUCHZT
DOCH MIT LAUTEN JUBELRUFEN ÜBER DICH.

ZEFANJA 3,17 - NEUES LEBEN. DIE BIBEL (NLB)

ZEFANJA 3

Dein Herr und Dein Gott

Wer kann dir sagen
Wer ich bin
Außer ich
Dein Gott:
Der »Ich bin«

Doch habe ich
Auf die Welt gesandt
Meinen Sohn Jesus Christus
Um zu bezeugen:
Meine wahrhaftige Liebe zu dir

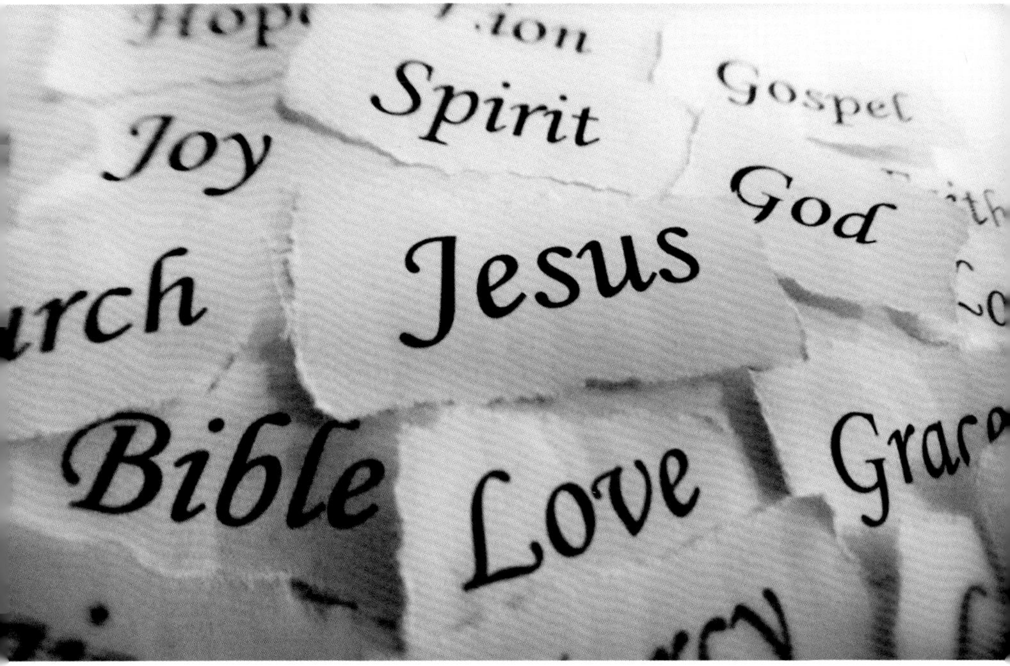
Spirit
Gospel
Joy
God
Jesus
Bible
Love

ES GIBT NUR EINEN GOTT – DEN VATER,
VON DEM ALLES KOMMT UND
FÜR DEN WIR GESCHAFFEN SIND.
UND ES GIBT NUR EINEN HERREN – JESUS CHRISTUS,
DURCH DEN ALLES GESCHAFFEN WURDE
UND DURCH DEN AUCH WIR DAS LEBEN HABEN.

1. KORINTHER 8,6 - NEUE GENFER ÜBERSETZUNG (NGÜ)

Stern Bethlehems

Die Weihnachtszeit erwacht.
Sterne leuchten in der Nacht.
Der Stern Bethlehems leuchtet hell.
Alle Jahre wieder erinnern wir uns.
Er verkündet die königliche Geburt.
Ganz leise, strahlend
Still und bescheiden.
Jesus, der Messias, ist uns geboren.
Es ist Weihnacht.
Was für ein prächtiges Geschenk
Alle Jahre wieder, erinnern wir uns.

Herrlichkeiten Jesu Christi – Jesus

»Jesus – das ist doch einfach der Name, der dem Sohn der Maria gegeben worden ist«, mag mancher denken. Tatsächlich ist das so. Und doch verbinden sich mit diesem Namen, den Gott für seinen Sohn ausgewählt hat, Höhen und Tiefen, über die es sich lohnt nachzudenken. Wer ist dieser Jesus, von dem wir auch lesen, dass Er »Jesus von Nazareth« ist?

Er ist keine Person, die sich ein paar extrem religiöse Menschen ausgedacht haben; Er ist auch nicht einfach eine historische Persönlichkeit. Nein, es geht um den »geschriebenen Christus«, wie jemand einmal bemerkte. Wenn wir von Jesus oder vom Herrn Jesus sprechen, dann halten wir uns ausschließlich an das, was wir in der Bibel von Ihm lesen.

»Wir sehen aber Jesus, der ein wenig unter die Engel wegen des Leidens des Todes erniedrigt war, mit Herrlichkeit und Ehre gekrönt – so dass er durch Gottes Gnade für alles den Tod schmeckte« (Heb 2,9). Wenn wir von seinem Namen »Jesus« lesen, denken wir an seine Erniedrigung. Er ist der vom Himmel gekommene Mensch, der auf dieser Erde den ganzen Willen Gottes getan hat, ja sich Gott in allem unterworfen hat.

Viele der Leser werden daran gewöhnt sein, von Jesus als von dem »Herrn Jesus« zu sprechen. Das ist auch gut so, denn Er ist am Kreuz von Golgatha gestorben, um für diejenigen, die an Ihn als ihren persönlichen Retter glauben, zugleich auch Herr zu sein. Er bestimmt dann über ihr Leben.

In den Evangelien lesen wir jedoch häufig, dass Er einfach »Jesus« genannt wird. Das ist besonders dann der Fall, wenn von seiner unermüdlichen Tätigkeit berichtet wird. Und genau das ist es, was wir an Ihm immer wieder bewundern. Er war von morgens bis abends im Einsatz. Selbst nachts kannte Er häufig keine Ruhe, sondern wurde von Menschenmengen umlagert. Wenn Er dann doch einmal Zeit zum Schlafen gehabt hätte, finden wir diesen vollkommenen Menschen häufig auf dem Berg – im Gebet. Auch das war eine Tätigkeit für die Seinen, denn dort trat Er fürbittend für sie bei dem Vater ein.

So sehen wir auch in Johannes 1, dass Ihn Johannes der Täufer anschaute, als Er umherging. Diese Sicht gibt es bis heute! Wenn wir in den Evangelien lesen, wie Er umhergegangen ist, dann dürfen wir Ihn betend dafür loben, dass Er nie an sich selbst dachte, sondern ständig mit den ungläubigen Menschen und mit seinen Jüngern beschäftigt war – und Gott in allem verherrlichte.
Den Höhepunkt seiner Hingabe finden wir am Kreuz von Golgatha. Und selbst an diesem Ort größter Qualen sehen wir Ihn mit dem neben Ihm hängenden Verbrecher und

mit seiner Mutter Maria beschäftigt. Er war wirklich der vollkommene, selbstlose Mensch!

Wie beeindruckend sind die Worte, die wir in Johannes 19,17.18 lesen: »Und sich selbst das Kreuz tragend, ging er hinaus zu der Stätte, genannt Schädelstätte, die auf hebräisch Golgatha heißt, wo sie ihn kreuzigten und zwei andere mit ihm, auf dieser und auf jener Seite, Jesus aber in der Mitte.« Hier lernen wir, dass sich die Bedeutung seines Namens erfüllt: Jesus – der Herr ist Rettung. Dort wurde Jesus zum Retter der Welt!

Manuel Seibel, Artikel aus der Zeitschrift Folge mir nach 08/ 2000, www.folgemirnach.de

Gottes Gegenwart

In meiner Gegenwart
Bin ich der, der dir alles gibt.
Es wird dir an nichts mehr mangeln.

In meiner Gegenwart
Wirst du in Fülle sein,
Überwältigt durch meine Gnade.
Behütet und getragen wirst du sein.

In meiner Gegenwart
Wirst du dich sicher fühlen,
Als kenntest du mich schon immer.
Gesucht und gefunden hast du mich,
Denn ich habe dich nie verlassen.

In meiner Gegenwart
Nehme ich dich auf,
Mein Kind.

Gottes Wort

Warum sollen wir Gottes Wort lesen? Darauf gibt es viele Antworten. Die einfachste ist vielleicht, dass es absolut fahrlässig wäre, es nicht zu tun. Denn es ist das Wort des allmächtigen Gottes, in dessen Hand alles ist. Die Äußerungen deines Schöpfers – wie fatal wäre es, daran vorbeizugehen!

In diesem Heft geht es öfter um dieses Wort. Beim Lesen der Artikel ist mir ein Satz besonders aufgefallen: »Gott ist so gnädig, dass Er uns nicht Worten von Menschen ausliefert.« Hast du das schon einmal bedacht? Stell dir mal vor, Gott hätte immer geschwiegen, wir hätten seine Aussagen der Bibel nicht und müssten uns auf das verlassen, was Menschen sagen oder schreiben. Dann wüssten wir gar nichts von Ihm, von seiner Liebe und seiner Heiligkeit. Es ist seine Gnade, dass Er überhaupt gesprochen hat! Und wie gut, dass wir nicht auf Menschen hören müssen, sondern Gottes Zusagen haben.

Wie irrend und arm der Mensch ohne Gottes Wort ist, zeigt der Blick auf die Geschichte: Bis vor 500 Jahren war Gottes Wort hierzulande der allgemeinen Bevölkerung fast völlig unbekannt, weil die Gottesdienste gewöhnlich in Latein abgehalten wurden. Martin Luther hat durch die Übersetzung der Bibel ins Deutsche vielen Menschen einen unermesslichen Dienst erwiesen. Sie konnten endlich selbst die Wahrheit Gottes in seinem Wort lesen und so Irrlehren entlarven. Dieser Diener Gottes brachte auch die wichtige Wahrheit der Rechtfertigung aus Glauben wieder ans Licht. Sola Scriptura – allein die Schrift...! Das war einer der Kernpunkte im Dienst Martin Luthers und sollte auch heute unser Leitspruch sein. Das bedeutet aber nicht, dass wir nicht auch gute Auslegungen zu Gottes Wort lesen sollten. Denn diese orientieren sich an der Wahrheit Gottes und sind eine sehr nützliche Hilfe zum Verständnis der Gedanken Gottes.

Gibt es da nicht wieder einen Beitrag zum Bibelstudium in diesem Heft? Vielleicht können wir dich ermuntern (wieder) anzufangen, die Bibel mit Gewinn zu lesen – zu deinem bleibenden Segen!

Henning Brockhaus,
Artikel aus der Zeitschrift Folge mir nach 06/ 2017, www.folgemirnach.de

LASS DIESES BUCH DES GESETZES
NICHT VON DEINEM MUND WEICHEN,
SONDERN FORSCHE DARIN TAG UND NACHT,
DAMIT DU DARAUF ACHTEST, ALLES ZU BEFOLGEN,
WAS DARIN GESCHRIEBEN STEHT;
DENN DANN WIRST DU GELINGEN HABEN
AUF DEINEN WEGEN,
UND DANN WIRST DU WEISE HANDELN!

JOSUA 1,8 - SCHLACHTER BIBEL

JOSUA 1

Dein Wort

Gott, ich staune über die Tiefe deiner Worte.
Rein ist deine Weisheit, die du an uns weitergibst.
Es sind erfüllende, heilige, durchdringende, wahre Worte;
Klar wie reines Wasser.
Einst verkündetest du der Welt,
Was du zu sagen hast.
Jeder soll es hören und lesen.
Dein Wort, dein Wesen.
Wer mit deinem Wort in Berührung kommt
Wird erfassen das Buch des Lebens: Die Bibel.

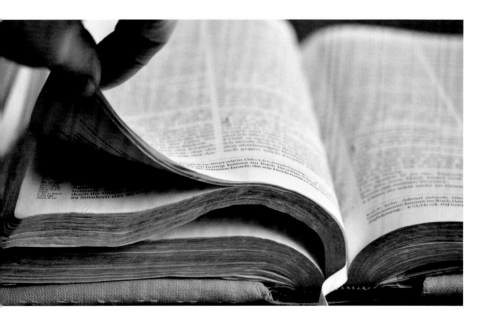

DENN SO sehr hat GOTT die WELT geliebt,
dass er seinen eingeborenen SOHN gab,
damit jeder, der an ihn glaubt,
nicht verlorengeht,
sondern ewiges Leben hat.

DENN GOTT hat seinen SOHN
nicht in die WELT gesandt,
damit er die WELT richte,
sondern damit die WELT
durch ihn gerettet werde.

JOHANNES 3, 16-17 / SCHLACHTER BIBEL

JOHANNES 3

Gottes Liebe

Rein ist seine Liebe zu dir
Wahrhaftig liebt Gott dich

Gottes Liebe
Ist heilig und vollkommen
Sie ist nicht von dieser Welt
Niemals vergeht sie
Immer bleibt sie
Ewig ist sie:

Seine Liebe zu dir

LIEBE

LEBEND GOTT

Seine Liebe
zu Dir

Die Liebe ist einzigartig und vollkommen. Sie beinhaltet alles Gute. Sie ist die Wahrheit, der Weg und das Leben. Sie ist das Wort des Lichts. Ein Wort aus ihr und alles entsteht. Sie ist die Kraft der wahren Liebe. Vollkommen schön und unbeschreiblich ist sie. Die Liebe ist die Schönheit in Person. Sie ist die Unschuld und die Reinheit, der Glanz und die Vollkommenheit. Sie ist das Licht, das in der dunklen Finsternis scheint. Sie ist der Anfang einer Liebe, die ewig hält. Sie ist unverzichtbar, unersetzlich, frei verfügbar, vornehm und angenehm. Glorreich ist ihr Charakter. Sie fordert nicht und stellt sich nicht in den Vordergrund. Sie hält in schwierigen Tagen, was sie verspricht, und bricht die Herzen nicht. Sie findet Gehör an allen Tagen, ohne zu plagen und zu hinterfragen. Sie hält sich an das, was sie ist, umfassend wie sie ist.

Die Liebe ist unbekümmert, sie macht das Richtige im passenden Augenblick und schert sich nicht, was andere von ihr denken. Sie ist gut und niemals böse. Die Liebe erwidert Streitigkeiten nicht. Sie lässt sich nicht darauf ein und provoziert nicht. Sie ist friedvoll und setzt sich für das Gute ein. Die Liebe, sie ist unendlich gütig, bedingungslos friedlich. Sie hält, was sie verspricht, in allen Lebenslagen ja zu sagen. Sie ist das Fundament eines Hauses, das ewig hält. Sie ist der Architekt eines Gebäudes, das nicht auf Sand, sondern auf Felsen gebaut ist. Sie steht auf festem Grund. Sie ist das Wasser des Lebens. Die Quelle des Gebens, die Tiefe des Seins. Rein ist sie, in ihrer Klarheit, denn sie ist die Wahrheit. Die Liebe hat keine zwei Gesichter, sie ist nicht

Yin, sie ist nicht Yang. Sie ist eindeutig in ihrer Botschaft. Sie ist nicht das Gute im Bösen. Sie richtet aus Liebe das Böse, was unheilig ist, um das Gute zu bewahren. Sie sündigt nicht. Die Liebe ist heilig. Sie handelt nicht böswillig, wenn sie Strenge zeigt. Sie erbost sich nicht, sie handelt nach dem, was recht ist. Sie ermahnt, korrigiert und bestraft, was nicht recht ist. Die Liebe hofft auf Gutes. Sie handelt aus Liebe und bewirkt Schönes. Mit aller Strenge ist sie dennoch äußerst friedvoll, liebevoll und vergibt bedingungslos. Zu jeder Zeit vergibt sie mit aufrichtigem Herzen. Zum Vergeben ist es ihr niemals zu spät. Sie ist gnädig und vergibt jenen, die aufrichtigen Herzens sind.

Die Liebe wandelt Schwächen in Stärken um. So wird Wasser zum köstlichen Wein. Ein Genuss, sanftmütig, zärtlich, hingebungsvoll, geduldig und fürsorglich zu sein. Sie ist das Gegenteil angeblicher Stärke, das Gegenteil davon, hochtrabend zu sein. Die Liebe ist demütig. Sie hasst und neidet nicht. Sie freut sich und jubelt den anderen zu. Großzügig ist sie im Geben statt im Nehmen, um beraubt zu sein der Liebe wegen. Verliebt ist sie, geben will sie, mehr als nehmen. Die Liebe ist kein Gedicht und auch kein Roman. Erfunden ist sie nicht. Real und dennoch unsichtbar, immer da. Im Glauben begleitet sie dich ein Leben lang. Die Liebe deines Lebens, sie sorgt für dich wie kein anderer und führt dich auf rechten Wegen. Die Liebe in dir, hast du sie gefunden, wirst du nicht mehr hungern. Du wirst satt sein. Dir wird es an nichts mehr mangeln, weil die Fülle in dir lebt und die Leere vergeht.

Die Liebe ist allgegenwärtig im Hier und im Jetzt. Sie lebt und stirbt nicht. Im Herzen schlagend den Puls des Lebens, anwesend ist sie in dir. Sie ist dein Herzstück, das dich am Leben hält und beglückt. Das beste Teil im Leben.

Die Liebe ist mal laut und mal leise zu hören im Geiste. Sie lässt sich nicht einsperren. Frei und lebendig ist sie. Lebendig in Fülle göttlicher Pracht. Jeder soll sie sehen und erleben, zumindest schon mal von ihr gehört haben. Die Liebe in mir, seine Liebe zu dir, kennt keine Grenzen. Sie ist zeitlos bei Tag und bei Nacht. Sie ist nicht halb wach und lauwarm um uns. Sie ist liebevoll, zärtlich, wachend und beschützend, allgegenwärtig. In allen Lebenslagen ist sie eine Lebensbegleiterin. Sie spendet Trost und Hoffnung an manchen schwierigen Tagen. Die Liebe ist geistlich eine Person, man ahnt es schon. Sie strebt nach Beziehung. Innig ist sie, heilig in uns.

Die Liebe ist mehr als Gefühl und Verstand. Sie ist tief im Inneren der Seele. Sie ist verborgen im Geiste und wacht. Die Liebe ist heilig und wohnt in uns. Sie ist ein wertvoller Schatz, im Inneren gut behütet. Sie ist die Wahrheit im Geiste. Sie bringt uns Gaben, die wir nicht ahnen und doch besitzen. Sie gibt uns frohen Mut, Trost und Hoffnung.

Sie hört leise zu und berät auch im Stillen. Heilig ist ihr Geist. Sie redet ins Gewissen. Sie zeigt Lösungen auf, die wiederherstellen und heilen. Sie ist die Hoffnung und die Zuversicht, die Liebe und das Leben. Sie rettet vor Verderben und Tod. Lebendig und fröhlich ist sie. Sich vom Zorn mitreißen zu lassen, das kennt sie nicht. Die Liebe verzeiht,

sie steinigt nicht. Sie redet nicht missmutig, sie ist hilfs-
bereit und tuschelt nicht. Hinterhältigkeit und Intrigen, das
kennt sie nicht. Sie ist echt. Sie liebt und erfreut sich ihrer
Wahrheit. Fälschung kennt sie nicht. Sie ist treu und wahr-
haftig. Sie verschafft sich durch Lüge keinen Vorteil. Denn
die Lüge, die kennt sie einfach nicht. In ihr kann man hof-
fen, ruhen und vertrauen. In ihr ist man geborgen. Die
Liebe hört niemals auf. Sie ist einfach da und sorgt an allen
Tagen. Sie erträgt alles und hält allem stand.

Die Liebe prägt und beeinflusst, sie trägt eine Botschaft:
»Liebet Gott, liebt einander und liebet eure Nächsten wie
euch selbst.« – Durch die prägende Liebe wächst das Ver-
trauen, das Verständnis und das Mitgefühl. Die Liebe, sie
ermutigt, tröstet und hilft. Sie sagt: »Sorge dich nicht, ich
werde da sein an allen Tagen.« – Sie ist warmherzig, barm-
herzig und voller Mitgefühl. Sie erniedrigt sich, stellt sich
nicht in den Vordergrund. Sie sucht nicht ihren eigenen
Vorteil; im Gegenteil, sie handelt zu ihrem Nachteil. Sie
gibt; – statt zu nehmen, opfert sie sich.

Die Liebe zeigt wahre Größe. Sie ist schlicht und leiden-
schaftlich. Sie liebt sehnsüchtig. Hingebungsvoll opfert sie
sich am Kreuz für uns. Die Liebe Jesu.

Diese Liebe ist unsterblich. Sie bleibt ewig bestehen. Sie ist
gestern, heute und morgen dieselbe Liebe. Sie verändert
sich nicht. In der Erinnerung bleibt sie lebendig erhalten.
Sie ist würdig und prächtig, heilig und mächtig. Die Liebe,
die Gott auf die Erde für uns Menschen gesandt hat durch
seinen Sohn Jesus Christus, ist vollkommen. Die göttliche

Liebe ist erstaunlich; gnädig bis zum letzten Atemzug, vergibt sie. Vollbracht ist seine Liebe, doch nicht endend. Erspüren kann man diese Liebe nicht mit menschlichem Verstand. Sie ist jenseits jeglicher Vorstellungskraft. Diese Liebe ist geistlich, unbegreiflich, spirituell. Sie ist geistlich zu sehen, doch nicht mit bloßen Augen zu erkennen. Liebt man, so muss man sie eingestehen, annehmen und daran glauben. Entweder glaubst du oder nicht.

Glaube ist der Beweis, dass die Liebe ist. Wie tief, wie breit, wie lang diese Liebe ist, scheint unbegreiflich. Sieh die prachtvollen Sterne als Zeichen göttlicher Liebe. Unermesslich, unergründlich, unantastbar ist sie. Die Liebe ist jenseits jeglichen menschlichen Verstands. Übernatürlich, göttlich ist sie. Sie übersteigt alle Logik, bricht Mauern, Brücken und alle Grenzen, die wir kennen. Auf Erden wird sie klein gehalten. Doch die Liebe ist himmlisch. Sie ist nicht von dieser Welt. Ihr Königreich ist unbeschreiblich, unbegreiflich, schwerelos schön. Sie übertrifft die Schönheit der Galaxie. Die Liebe ist die Entstehung und das Leben. Sie ist die Tiefe des Seins. Unergründlich ist sie. Denn Gott ist die Liebe. Er ist das Wort. Er ist der Anfang, der Ursprung und die Herkunft. Gott ist männlich, sie ist weiblich: »Die Liebe.« Vereint handelt es sich um Gottes Liebe. Sein Wesen ist der Heilige Geist in Christus. Gottes Wort ist allmächtig. Sein Wort ist die Liebe, die keiner irdischen Definition entspringt.

Sie ist ein Knall des Wortes mit schöpferischer Gewalt. Überwältigend ist sein Wort: »Es werde Licht.« Die

Wirkung seiner Herrlichkeit ist vollkommen in seiner göttlichen schöpferischen Größe, zu schaffen den Ursprung des Lebens, der Erde und des Universums. Gottes Liebe schafft Ordnung. Eine Weltordnung mit Naturgesetzen und Entstehungsprozessen, mathematisch undefinierbarer Größen. Wir sind kein Zufallsprodukt mit Verfallsdatum. Wir sind gewollt auf Erden und in alle Ewigkeit. Ohne die göttliche Allmacht der Liebe gäbe es uns nicht. Die Entstehung ist ein Liebesakt mit Folgen. Empfangen ist der Samen. Beginn des Lebens. Entstehung des Menschen, im Leibe geschützt. Behütet im Wasser, das werdende Kind. Heilig geborgen gehalten, in Liebe versorgt, das Menschenleben. Vollendet wird das Kind im Mutterleib. Durch die Liebe sind wir geboren als Körper, Seele und Geist. Als Mensch, als Mann oder Frau schenkt Gott dir das Leben, den Sinn und die Erfüllung darin.

So stellt sich die Frage, warum das Leben – um zu sterben – irgendwann? Die Antwort weiß nur einer: Der Schöpfer des Lebens. Welches Buch umfasst die Fragen, die wir haben, wenn nicht die Bibel: Das Wort Gottes. Dort steht geschrieben das lebendige Wort. Heilig ist die Bibel. Durch das Wort Gottes gibt die Bibel Antworten auf das Leben. Doch hat das menschliche Wesen die Sinnhaftigkeit und das ganze Ausmaß göttlicher Liebe nicht vollkommen erkannt. Uns fehlt es an Erkenntnis. Gott ist die Liebe. Die Offenbarung seiner Liebe ist grandios: Er gab seinen einzigen Sohn für dich, um den Preis deiner Sünden zu bezahlen. So sehr hat Gott dich geliebt, dass er Jesus hingab, zu tragen dein Leid und deine Sorgen. Seine Liebe ist über-natürlich, gewaltig, unverständlich, ewig. Sie ist individuell und ganz persönlich, zugänglich. Bei der Liebe Gottes handelt es sich nicht nur um eine allgemeine Liebe zu den Menschen. Das Schöne ist: Sie ist seine Liebe zu dir, ganz persönlich. Du bist ein Original, einzigartig in seinen Augen. Seine Liebe erkennt dich. Wie du bist und wie du lebst, kennt er dich. Er liebt dich, unabhängig von dem, was du tust oder leistest. Seine Liebe ist Annahme. Sie ist bedingungslos. Diese Liebe lässt dich nicht im Stich. Sie vertraut, sie bezweifelt nicht, sie baut auf, erniedrigt nicht. Sie sieht dich wie du bist, mit Stärken und Schwächen vollkommen. Diese Liebe verwelkt nie, sie nährt sich aus dem Nichts, sie trocknet niemals aus und blüht. Sie öffnet uns die Herzen. Sie strahlt. Sie ist der Ursprung, die Herkunft und das Licht. Verliebt ist sie in dich. Sie ist immer für dich da als der Vater. Abrufbar im Gebet, allgegenwärtig, allmächtig, unscheinbar, dennoch wirklich da. Sie ist erfahrbar, spürbar und lebensnah. Sie ist begleitend. Sie ist der Weg und die Wahrheit und das Leben. Sie bringt dich ins Grübeln, justiert und bringt dich ins Gleichgewicht. Sie erfühlt. Sie lügt und betrügt nicht. Sie ist rein, hundertprozentig, pur. Sie ist wahr und deswegen gewaltig in ihrer Botschaft. Sie verkündet das Wort. Denn am Anfang war das Wort und das Wort wurde lebendig, zum Greifen nah. Die Liebe ist das Wort, in ihr steckt eine unbeschreibliche Kraft. Jeder, der an dieser Liebe zweifelt, hat sie bislang noch nicht gesehen. Wer sie jedoch kennt, der liebt, der vertraut, der glaubt und handelt.

Diese Liebe ist ein Feuer im Herzen, ein brennendes Licht, eine rötliche Flamme der Liebe, die nicht erlischt.

Die Liebe ist endlos, weit mehr als das, was das Wort zu beschreiben vermag. Sprachlos stehen wir ihr gegenüber. Überwältigend ist ihr Schein. Die Liebe ist eine Hochzeit zwischen Braut und Bräutigam. Sie ist die Krönung der Schöpfung. Ihr Glanz in den Augen, liebevoll strahlend ihre Blicke am Traualtar. Sie ist eine nie endende Liebesbeziehung. Vermessen wäre es, sie zu verleugnen, um welchen Preis? – Gott ist mit uns.

Wir können nur einen Bruchteil ihrer wahren Schönheit, was die Liebe für uns Menschen bedeutet, ermessen.

Die Liebe macht uns sprachlos, uns fehlen einfach die Worte, die unbedeutend klein sind. Im Herzen, da schlägt es. Im Herzen, da pulsiert es. Rot ist die Farbe der Liebe. Ich lebe dank dir. Mein Herz bewahre ich, meinen größten Schatz. Mein Herz lege ich dir offen, deiner Liebe wegen, ein Segen, o Herr, du mein Gott.

So lasst uns doch singen, anbeten, die Kraft deiner Liebe umschreiben, in Tänzen und Klängen, Harmonien und Gesängen. Grenzenlos ist, was du uns gibst: »Liebe.« So stehe ich singend vor dir in Anbetung, lobpreisend deine Herrlichkeit.

Gott weiß einzig und allein wie groß seine Liebe zu uns Menschen ist. Einst sagte er zu mir: »Schreib ein Buch mit dem Titel: ›Seine Liebe zu Dir‹. « So will ich darauf hören und schrieb für all diejenigen, die im Herzen die Liebe Gottes aufnehmen wollen.

DAS BUCH: Seine Liebe zu Dir
Ist eine Offenbarung.

Vertraue darauf,
Dass du geliebt
Und gewollt bist,
Glaube!

Höchstes Gut

Liebe ist das höchste Gut zu geben.
Sie steht nicht in der Rangfolge sieben
Nach Geld, Ruhm, Gold, Diamant,
Prestige, wertvollen Schmuck und Smaragd.

Nein, die Liebe, sie sollte im Leben an erster Stelle stehen.
Materielles vergeht, doch die Liebe besteht.

U<small>ND WIR HABEN ERKANNT</small>
U<small>ND GEGLAUBT DIE</small> L<small>IEBE,</small>
<small>DIE</small> G<small>OTT ZU UNS HAT:</small>

G<small>OTT IST</small> L<small>IEBE;</small>
<small>UND WER IN DER</small> L<small>IEBE BLEIBT,</small>
<small>DER BLEIBT IN</small> G<small>OTT UND</small> G<small>OTT IN</small> I<small>HM.</small>

1. J<small>OHANNES</small> 4,16 - L<small>UTHERBIBEL</small>

Mein Herz

Mein Herz
Mein bestes Stück
Hältst mich am Leben
Schlägst durchgehend
Ein ganzes Stück
Im Rhythmus
Meines Lebens
Ein Leben lang

Mein Herz
Mein bestes Stück
In dir dürfen wohnen
Alle Menschen, die ich liebe
Wie auch du mein Herr, mein Gott,
Hast auch du einen Ehrenplatz darin
Am Leben zu sein
Verdanke ich dir o Herr
Ich trage dich in mir
Mein Herr, mein Gott
Mein Leben

Mein Herz
Mein bestes Stück
Bleib mir gesund und heile
Du bist weitaus mehr als das
Was mein Verstand

Zu begreifen vermag
Alles was ich fühlen kann
Steckt in dir verborgen

Mein Herz
Mein bestes Stück
Du kannst sehen, was das Auge nicht zu sehen vermag,
Du kannst begreifen, was unmöglich erscheint,
Kannst fühlen den Glauben in mir
Sensibel bist du, hören kannst du die Liebe in mir

Mein Herz
Mein bestes Stück
Du bist weit mehr
Als ein Fortbestand des Lebens
Du bist ein wesentlicher Teil meines Wesens
Ohne dich wäre es mir unmöglich zu begreifen
Wie ich bin, was mich ausmacht,
Wie ich glaube, wie ich fühle,
Wie die Liebe in mir wohnt

Bedingungslose Liebe

Die Liebe ist bedingungslos
Sie gibt und verlangt nicht
Koste es was es wolle
Liebt einander
Um jeden Preis

Woher kommt die Liebe?

Kind:	Woher kommt deine Liebe zu mir.
Vater:	Die Liebe war schon immer da.
Mutter:	Schon bevor du geboren wurdest liebte ich dich.
Mutter:	Bereits in meinem Bauch empfand ich Liebe und Freude.
Vater:	Du wurdest erwartet.

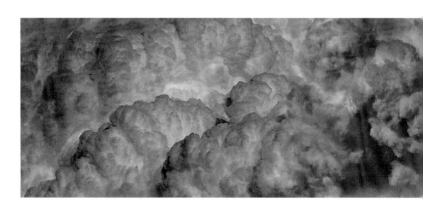

Debora Chayil:

So ist es auch mit der Liebe Gottes, unserem Vater.
Er liebte dich lange bevor du geboren wurdest. Kannte
dich weit im Voraus und gab dir das Leben. Schon immer
dagewesen ist seine Liebe zu dir.

Woher sie kommt, die Liebe zu dir, wolltest du wissen?
Auch wenn du sie nicht kommen siehst und sie nicht er-
wartest, ist sie dennoch da. Weit im Voraus schon immer
dagewesen. Seine Liebe zu dir: Die Liebe Gottes.

Seine Liebe kommt im Flug. Auch in turbulenten Zeiten
wacht sie über dich. Das Leben kennt gute und schlechte
Tage, ähnlich wie die Wetterlage. Nach dem Regen und
dem Unwetter kommt das Licht und die Sonne zurück.
Die Liebe lässt dich währenddessen nicht allein. Sie ist
dein bedingungsloser Rückhalt auch in schwierigen Tagen.

Die Liebe im Gedicht

Er ist die Sprache der Liebe. Die Sprache, die niemand in Vollkommenheit kennt, denn er ist die Liebe. Er redet mit uns auf seine ganz eigene Art und Weise, oft leise. Man hört ihn kaum. Lauschen muss man ihm gelegentlich, um zu hören. Und man staune, wie er mit uns spricht. Er schafft einen ganz eigenen Zugang zu uns, denn er kennt uns. Seine Wege sind unergründlich, seine Worte sind nicht die unseren. Sie sind nicht aus dieser Welt. Sie sind Botschaften voller Weisheiten. Heilig ist das Wort, niedergeschrieben in der Bibel. Lobgepriesen in den Psalmen, ein Gedicht. Die Liebe Gottes ist ausgesprochen poetisch.
Ich fühle mich federleicht, inspiriert, unendlich geliebt und von Gott getragen. Das Lauschen, das Hören, das Schreiben der Worte fällt mir geschmeidig leicht von der Hand aufs Papier. Auch wenn er hin und wieder in Schriftsprache zu mir spricht ist er die Liebe im Gedicht.

Liebe und Glaube im Dialog

Glaube:	An was soll ich glauben
Glaube:	Ich glaube an das, was ich sehe
Glaube:	Zeig mir deine Liebe
Liebe:	Siehst du sie?
Liebe:	Siehst du die Liebe,
	Die ich in deiner Gegenwart verspüre?
Liebe:	Würdest du daran zweifeln sie zu sehen?
	Wenn ich dir die Liebe zeigen würde?
Glaube:	Wie sollte ich mir deiner Liebe sicher sein,
	Wenn ich sie nicht sehen kann?
Liebe:	Ihr bedingungslos glauben solltest du
Liebe:	Wie könnte ich dir meine Liebe offenbaren,
	Ohne, dass du daran zweifelst
Liebe:	Würdest du sie annehmen?
Liebe:	Amen, Amen, ich sage dir,
	Die Liebe ist weit mehr
	Als das Verständnis dessen,
	Was das Auge sehen,
	Die Ohren hören und
	Der Mund zu sagen hat
Liebe:	Sie ist weit mehr als Empfindungen

Liebe: Sie geht weit über alles hinaus
             Was das Auge je zu sehen
             Der Mund je zu sprechen
             Die Ohren je zu hören vermögen

Liebe: Sie ist eine Entscheidung
             Bedingungslos anzunehmen
             Den Gauben, die Liebe, die Person

Glaube: Sie ist wahrhaftig!

ICH PREISE DICH DARÜBER, DASS ICH AUF
EINE ERSTAUNLICHE, AUSGEZEICHNETE
WEISE GEMACHT BIN.

WUNDERBAR SIND DEINE WERKE,
UND MEINE SEELE
ERKENNT ES SEHR WOHL.

PSALM 139,14 - ELBERFELDER BIBEL

WIE GROSS SIND DEINE WERKE,
HERR! SEHR TIEF SIND DEINE GEDANKEN.

PSALM 92,6 - ELBERFELDER BIBEL

PSALM 139

Poiema

Du bist mein Poiema
Mein Kind
Ein Gedicht
In meinen Augen
Ein Kunstwerk meiner Gattung

Du bist mein Poiema
Ein Wunder
Meiner Schöpfung
Mein Kind
Eine Dichtung

Du bist mein Poiema
Mein Kind
Erschaffen bist du
Nach meinem Ebenbild
Ein Meisterwerk Gottes

Du bist mein Poiema
Mein Kind
Geschaffen in Jesus Christus
Zu guten Werken
Die ich für dich bereit halte

Du bist mein Poiema
Mein Kind
In meinem Herzen
Steht geschrieben
Dein Name

Du bist mein Poiema
Du bist mein Sohn
Du bist meine Tochter
Du bist der wunderschönste Vers
Den ich je geschrieben habe
Du bist ein Gedicht
In meinen Augen

Mein Poiema
Mein Kunstwerk
Meine Gattung
Mein Kind

Nächstenliebe unter den Völkern und Nationen

Die Liebe interessiert die Hautfarbe nicht.
Sie ist weit größer als die Begrenzung ethnischer
Herkunft.
Die Liebe ist das Wort Gottes.
Wer sich daran hält wird merken,
Wie herzlich, ehrlich und gütig sie ist.

Liebe ist Hoffnung und Glaube.
Friedvoll ist ihr Bild, dass sie vor Augen hält.
Im Herzen ein liebesvolles Miteinander.
Liebt einander, lautet ihre Botschaft.
Liebe deinen Nächsten wie dich selbst,
Sagte Jesus im Gleichnis des barmherzigen Samariters.

Wer liebt, der füge anderen kein Leid zu,
Der bewahre sein Herz
Vor bösen Gedanken,
Wut und Schmerz.
Wer liebt, der vergibt das Unmögliche
Und gewinnt inneren Frieden.
Ein Frieden, nicht von dieser Welt:
Frieden hinterlasse ich euch,
Meinen Frieden gebe ich euch;
Nicht einen Frieden, wie die Welt ihn gibt,
Gebe ich: Jesus.

Ein Frieden, der alle Grenzen
Des Unmöglichen übersteigt.
Es ist der Frieden, der Wiederherstellung,
Es ist der Frieden, der die Freiheit schenkt.
Es ist der Frieden, der auffordert
Einen Unterschied zu machen unter vielen.

Liebe und Rassismus,
Geht das überein? Nein.
Geschöpfe Gottes sind wir alle.
In Gottes Augen sind wir alle gleich.

Liebe ist eine Entscheidung,
Zu lieben den Nächsten wie sich selbst.
Hasst das Böse, doch liebt einander.
Böses geschieht, wenn man sich nicht
An die Entscheidung zu lieben, hält.
Gott hasst alles, was uns von der Liebe trennt.
Was der Liebe schadet, schadet uns selbst.
Seien wir Überwinder des Bösen.
Seien wir Überwinder der Überheblichkeit anderen
gegenüber.
Seien wir in friedvoller Absicht miteinander.
Gott liebt uns alle, doch verurteilt er Ungerechtigkeit.

Die Liebe interessiert die Hautfarbe nicht.
Sie ist weit größer als die Begrenzung ethnischer
Herkunft.

Martin Luther King

Bist du ein Überwinder falscher Gedanken?
Bist du eine Inspiration, ein Influencer, ein Vorbild unter
den Menschen?
Bist du ein Vermittler mit Herzenshaltung?
Bist du in Christus neugeboren,
Überzeugend, kraftvoll in deiner Mission?
Kennst du den Traum von Martin Luther King?

Lass die Liebe nicht außen vor.
Sie möchte sich mitteilen.
Wir sind Kinder Gottes.
Spürst du die Liebe in dir?
Sie ist eine Person
Mit Gedanken und Gefühlen.
Sie wünscht sich nichts sehnlicher als
Die Einfachheit der Nächstenliebe
Unter den Völkern und Nationen.

»WELCHES IST VON ALLEN GEBOTEN GOTTES DAS WICH-
TIGSTE?« JESUS ANTWORTETE: »DIES IST DAS WICHTIGSTE
GEBOT: ›HÖRT, IHR ISRAELITEN! DER HERR IST UNSER
GOTT, DER HERR ALLEIN. IHR SOLLT IHN VON GANZEM
HERZEN LIEBEN, MIT GANZER HINGABE, MIT EUREM GAN-
ZEN VERSTAND UND MIT ALL EURER KRAFT.‹ EBENSO WICH-
TIG IST DAS ANDERE GEBOT: ›LIEBE DEINEN MITMENSCHEN
WIE DICH SELBST.‹ KEIN ANDERES GEBOT IST WICHTIGER
ALS DIESE BEIDEN.« *MARKUS 12, 28-31 / HOFFNUNG FÜR ALLE*

Du bist nicht allein

ICH GLAUBE ...

DAS WORT IST GEWISS UND ALLER ANNAHME WERT,
DASS CHRISTUS JESUS IN DIE WELT GEKOMMEN IST,
UM SÜNDER ZU ERRETTEN.

1.TIMOTHEUS 1,15

Professor Howard A. Kelly (1858–1943)
gehörte zu den führenden Gynäkologen seiner Zeit und
pflegte mit vielen anderen Wissenschaftlern über die un-
terschiedlichsten Fragen Gedankenaustausch. Kelly war in
einem christlichen Elternhaus aufgewachsen, aber als jun-
ger Mann durch die Bibelkritik sehr verunsichert worden.
Eines Tages entschloss er sich, die Bibel selbst gründlich
zu studieren. Später legte er öffentlich Zeugnis von seinem
Glauben ab.

Hier eine gekürzte Fassung: Jetzt glaube ich, dass die Bibel
das inspirierte Wort Gottes ist – inspiriert in einem ganz
anderen Sinn, als irgendein menschliches Buch es ist.
Ich glaube, dass Jesus Christus der Sohn Gottes ist, ohne
menschlichen Vater, sondern gezeugt durch den Heiligen
Geist und geboren von der Jungfrau Maria.
Ich glaube, dass alle Menschen ohne Ausnahme von Natur
aus Sünder sind, dass sie entfremdet sind von Gott und
völlig verloren und dass sie sich nicht selbst retten können.

Ich glaube, dass der Sohn Gottes auf die Erde gekommen ist und am Kreuz sein Blut zur Sühnung der Sünden und als Lösegeld für uns gegeben hat.

Ich glaube, dass jeder, der Jesus Christus als seinen Retter annimmt, von neuem geboren ist und neue Vorrechte, Beweggründe und Ziele hat.

Ich glaube, dass die Bibel Gottes Wort ist. Wenn ich es täglich als Speise in mich aufnehme, deckt es böse Neigungen in mir auf und hilft mir, diese zu korrigieren, meine Gedanken und Neigungen zu klären und mir reine Wünsche zu geben. Es lehrt mich, Gott und seinen Willen zu erkennen. – Ja, Gottes Wort ist tatsächlich Nahrung für den Geist.

Artikel aus der Zeitschrift Folge mir nach 06/ 2017, www.folgemirnach.de

Nahrung

Wenn ich abends zu Bett gehe, denke ich oft darüber nach, wie mein Tag verlaufen ist. Die Chips, die viel zu salzig waren. Das Fleisch, das zu zäh und ungenießbar war, kaum runterzuschlucken. Ich denke an das Kaugummi, das beim Kauen nicht nachgab; da ich den ganzen Vormittag daran herumgekaut hatte und es sich an meinen Zähnen festsetzte, verlor es sogar die anfängliche Süße. Auch denke ich an meinen ungenießbaren Kaffee von heut' Morgen, und an die Mahlzeit in der Cafeteria, die mich nicht satt gemacht hat. Ich denke an dies und jenes, das mich den ganzen Tag beschäftigt und ernährt hat. Was bleibt am Ende des Tages übrig? Auf die Frage fällt mir nichts Wertvolles ein. Bin durstig und hungrig zu Bett gegangen. In meinem Kopf rumort es. Mein Magen knurrt, hungrig bin ich. Vom Tag nicht satt geworden. Habe zu mir genommen, was mich nicht im Geiste nährt. Die Uhr steht auf kurz vor zwölf. Jetzt bin ich müde und schlafe bald ein. So werde ich einnehmen, habe ich mir fest vorgenommen, zusätzliche und bessere Nahrung morgen. Nahrung, die nicht nur mein Fleisch ernährt, auch Nahrung, die meinen Geist erhellt.

KOMMT ZU MIR, IHR ALLE, DIE IHR EUCH PLAGT UND VON EUERER LAST FAST ERDRÜCKT WERDET; ICH WERDE SIE EUCH ABNEHMEN. NEHMT MEIN JOCH AUF EUCH UND LERNT VON MIR, DENN ICH BIN GÜTIG UND VON HERZEN DEMÜTIG. SO WERDET IHR RUHE FINDEN FÜR EURE SEELE.

MATTHÄUS 11,28 -29 / NEUE GENFER ÜBERSETZUNG (NGÜ)

Angst

Angst, du warst lebenslang mein stiller Begleiter,
Wichst mir nicht von meiner Seite,
Warst ein Teil von mir.
Als Furcht standest du vor mir,
Sorgtest gut für mich,
Füttertest mich unermüdlich.
Mit schlechten Dingen umgabst du mich,
Lähmtest mich ohne Rücksicht.
Angst, du fordertest mich jedes Mal auf,
Nicht mutig zu sein.
Du mutetest mir nichts zu
Außer, dir blind zu vertrauen,
Flüstertest mir Unwahrheiten ins Ohr,
Damit ich tatenlos sei.
So wagte ich nichts, unternahm nichts
Und empfand mich als Taugenichts.
Angst, nun will ich dir mal was sagen.
Du warst mir ein schlechter Ratgeber und Wegbegleiter.
Werde dir nicht mehr folgen.
Bin nämlich dank meines Glaubens mutig geworden.
Deine Pläne und teuflischen Absichten
Beherrschen mich nicht mehr.
Meine Angst habe ich
Durch meinen Glauben
An dich, Gott, überwunden.

FÜRCHTE DICH NICHT, DENN ICH STEHE DIR BEI;
HAB KEINE ANGST, DENN ICH BIN DEIN GOTT!
ICH MACHE DICH STARK, ICH HELFE DIR,
MIT MEINER SIEGREICHEN HAND
BESCHÜTZE ICH DICH!

JESAJA 41, 10 - HOFFNUNG FÜR ALLE

DER HERR IST MEIN LICHT UND MEIN HEIL,
VOR WEM SOLLTE ICH MICH FÜRCHTEN?
DER HERR IST MEINES LEBENS ZUFLUCHT,
VOR WEM SOLLTE ICH ERSCHRECKEN?

PSALM 27, 1 - ELBERFELDER BIBEL

PSALM 27

Selbstverletzt

Ein Schrei nach Liebe
Und Mitgefühl.
Meine Seele schreit
Mein Körper leidet
Meine Haut hält vieles aus;
Ritze mich
Empfinde nichts.
Betäubt sind meine Schmerzen nicht.
Meine Seele schreit
Mein Körper leidet
Meine Haut hält vieles aus
Verletze mich
Empfinde nichts.
Füge mir Schmerzen zu
Die ich nicht begreifen kann.
Empfinde nichts
Nicht mal Trauer
Verletzt zu sein.
Wie kann ich weiter so leben
Ohne Rücksicht auf meine Seele,
Die schreit.
Überhört und übergangen
Habe ich mich.
Ich schrei nach Liebe und Befreiung.
Ich frage mich
In welchem Teufelskreis

Bewege ich mich.
Ich will hier raus
Lass mich raus
Ich schreie laut
Hört mich denn keiner.

Bin gefangen in meiner Haut.
Mein Arm ist voller Narben
Und äußerlichen Spuren.
Betäubt sind meine Schmerzen nicht.
Es brennt höllisch und blutet,
Verkrustet ist meine Haut
An den Armen.
Werke des Bösen
Selbstzerstörerische, schändliche Tat.
Bin gefangen in meiner Seele
Gefangen in meiner Haut.

Ich will nie wieder selbstverletzt sein,
Auch wenn meine persönlichen
Gründe mich dazu bringen,
Ist es falsch mit mir so umzugehen.
Möchte mir Gutes und nichts Schlechtes
Antun. Doch gelingt es mir nicht.
Wie lange soll es denn so weitergehen.
Es wird immer schlimmer und hoffnungsloser.
Möchte aufhören, es soll aufhören!
Ich schreie nach Hilfe, warum hört mich denn keiner.

Kind fürchte dich bitte nicht.
Ungewöhnliches
Ist grad' passiert.
Deine Bitten wurden erhört.
Dies gilt auch für all
Diejenigen, die krank,
Müde und beladen sind.

Komm zu mir, ich will
Dich erbauen und stärken.
Dein Leid verbannen auf Ewig.
Meine Liebe zu dir kennt keine Grenzen.
Dein Leiden soll dir weggenommen sein.
Die seelischen Qualen, die du
Im Fleisch ausgetragen, heilen.

Denn ich bin Jesus und bringe
Dir Heilung.

Am Kreuz getragen
Habe ich deine Sorgen
Und Qualen.
Die Wunden überwunden.
Deinen Schmerz
Auf mich genommen.
Den Feind besiegt.
Für dich ist alles vollbracht.

Sollen alle sehen deine Haut
Ohne Narben und Verletzungen.
Wiederhergestellt sollst du sein,
Wie neu geboren;
Ein neues Leben
Mit neuer Haut.
Erneuert wird
Deine Seele sein,
Nie wieder schreien.
Denn die Liebe Gottes ist heute eingedrungen,
Sie heilt von innen und von außen.
So gehe ab jetzt, mein Kind,
Voller Zuversicht und Liebe mit dir um.
Und verletze dich nie wieder,
Bleib geheilt und gesund
Für immer.

»Seele mein«

Mein Körper ist ein Teil von mir,
Meine Hände, meine Brüste, meine Arme,
Meine Beine, meine Schultern, meine Augen,
Meine Haare, ein Teil von mir.

Darüber hinaus bin ich weit mehr
Als das, was das Auge zu sehen vermag.
Ich bin mehr als nur ein Teil meines Körpers.
Ja, ich bin auch der andere Teil meiner selbst.
Ich bin das, was man von außen nicht sieht.
Dies bleibt den anderen verborgen.
Ich bin Gedanke, Verstand und Gefühl.
Ich bin Glaube und ich bin Hoffnung.
Ich bin Seele und ich bin Geist.

Soweit mehr »Seele mein«
Hätte ich nur eine Hand, eine Brust, einen Arm,
Ein Bein, eine Schulter, ein Auge.
So wäre ich unvollkommen? NEIN
»Seele mein«
Ich bin ein Teil des ganzen Kunstwerks
In seiner vollen Schönheit.
Ich bin einzigartig, prachtvoll und wunderschön.
Ich bin aus Liebe gemacht und strahle sie aus.
Soll sie jeder sehen, die Liebe in mir.
Vollkommen bin ich in Gottes Augen.

Ich werde / bin gesund in meinem Körper.
Bin unendlich dankbar, jeden Tag aufs Neue.
Krankheit, du besiegst mich nicht.
Bin geschaffen um zu leben, um zu bleiben
Wie ich bin: Vollkommen in Gottes Augen.

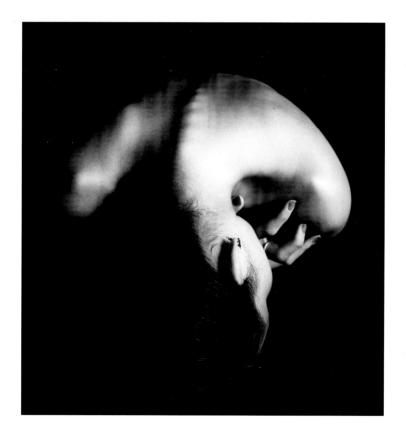

ICH HEBE MEINE AUGEN AUF ZU DEN BERGEN:
WOHER KOMMT MIR HILFE?
MEINE HILFE KOMMT VON DEM HERRN,
DER HIMMEL UND ERDE GEMACHT HAT!
ER WIRD DEINEN FUSS NICHT WANKEN LASSEN,
UND DER DICH BEHÜTET, SCHLÄFT NICHT.
SIEHE, DER HÜTER ISRAELS SCHLÄFT
NOCH SCHLUMMERT NICHT.
DER HERR BEHÜTET DICH;
DER HERR IST DEIN SCHATTEN
ZU DEINER RECHTEN HAND,
DASS DICH AM TAG DIE SONNE NICHT STECHE,
NOCH DER MOND BEI NACHT.
DER HERR BEHÜTE DICH VOR ALLEM ÜBEL,
ER BEHÜTE DEINE SEELE;
DER HERR BEHÜTE DEINEN
AUSGANG UND EINGANG
VON NUN AN BIS IN EWIGKEIT.

PSALM 121 - SCHLACHTER BIBEL

PSALM 121

Stopp – Halt!

Was willst du tun. Tue es nicht. Bin bei dir! Dein Herr und dein Gott!

Gemeinsam, nicht einsam sollst du sein, mit mir eins sein, mein Kind.

Ich trage dich im Rhythmus deines Herzens.

Ich sage: »Lass die Waffe fallen. Sie soll nicht mehr auf dich gerichtet sein. Nichts und niemand soll dich zerstören: LEBE.

Erkennst du meine Stimme in dir. Sie soll in deinem Leben nie wieder erloschen sein, dass du hörest was ich dir zu sagen habe: Mein geliebtes Kind, LEBE.«

Droge

Droge, weiche aus mir heraus, bist doch nur Ersatz, keine Befriedigung.
Hast Übermacht ergriffen. Mein Körper trachtet nach dir. Bin nicht mehr Herr meiner selbst. Bist ungesund und gefährlich. Dein Gift ähnelt dem einer listigen Schlange.

Droge, weiche aus mir heraus. Hast meinen Körper, meine Seele, meinen Geist in Gefangenschaft genommen. Bist nur Ersatz, keine Befriedigung. Bringst mir keine Heilung, im Gegenteil. Meine Sinne sind getrübt. Nehme nur Falsches wahr. Du gaukelst mir etwas vor. Du sagst: »Du brauchst mich, nimm mich.« Bist scheinheilig, nicht ehrlich. Ich ärgere mich. Warum habe ich bloß auf dich gehört!? Warum habe ich dich ausprobiert? Du sagst: »Ich bringe Erleichterung in deine Seele und in dein Leben. Das Leben ist doch so schon schwer genug.« »Stimmt«, antworte ich: »Das Leben ist mir unerträglich. Befreie mich, erleichtere mich. Möchte die Realität nicht sehen, nichts fühlen, möchte in einer Welt leben, wo alles ›High‹ ist, leicht verdaulich.«

Du träumst: »Wache auf, aus deinem betrügerischen Traum. Steh auf, du warst im Garten Eden. Dir ging es körperlich und seelisch gut, du hast probiert von der Frucht des Baumes der Erkenntnis. Wolltest Herr deiner Lage sein, frei in jeglicher Entscheidung.« Erkennst du diese Täuschung namens Droge?

Einst sagte dir dein Vater (Gott): »Halte dich fern vom Baum.« Doch du wurdest vom Bösen in Versuchung geführt und hast probiert, was verboten und schädlich für dich ist. Bist gefallen in Süchte. Krank hat es dich gemacht, abhängig und gierig, geistlich tot und getrennt von ihm!

Gott liebt dich immerfort. Er gibt dich nicht auf. Er sagt: »Komm zu mir mein Sohn / meine Tochter, ich erlöse dich von deinen Qualen. Ab heute wirst du ein ganz anderes Leben führen; das Leben, das ich für dich ursprünglich vorhergesehen habe, mein Kind.«

Kreißsaal

Geboren, gestorben und kaum auf der Welt,
Doch aufgenommen wurde ich
In dein Königreich.
O Herr, heile
Die Wunden, die Schmerzen
Im Leben meiner geliebten Mutter!
Einst wurde ich geformt
Im Leibe meiner Mutter,
Mich heimisch fühlend und im Wasser geborgen gehalten
Wuchs ich still in ihr.
So lebte ich für eine Weile, vor der Außenwelt geschützt
Und verborgen gehalten
Im Bauch meiner Mutter.
Ich wurde sehnsüchtig erwartet.
Meine Lebenszeit war nur kurz —
Kaum in den Arm genommen,
Vergebens mein Leben,
Von Geburt an gestorben,
Vor dem Anfang ein Ende,
Ein Trauerfall im Kreißsaal.
Unser Baby gestorben
Im Leibe,
Die Schmerzen einer schreienden Mutter:
Du hast gegeben, Herr,
Du hast genommen, warum?
Auch so der Vater.

O Herr, wenn sie wüssten –
Mir geht es gut!
Dies ist ein Liebesbrief
An meine fürsorgliche Mutter,
So weine nicht mehr.
O Herr, befreie sie von ihren Schmerzen im Herzen,
Mich nie aufwachsen zu sehen
Und erleichtere es meinen Eltern
Mit dem Gedanken:
Eines Tages sehen wir uns wieder,
In deinem Himmelreich.

Die Schönheit einer aufgehenden Rose

Du bist wunderschön. Gott sieht dich mit anderen Augen als du dich selbst. Du gleichst einer schönen Blume, die heranwächst und an sich selbst zweifelt, leider weißt du noch nicht wie schön sie bereits ist.

Zu ihrer Zeit wird sie in voller Blüte sein. Wenn du sie nicht mit Selbstzweifel einengst und ersticken lässt wird sie innerlich aufgehen und ihre wahre Schönheit preisgeben. Sie wird innen und außen wunderschön sein und in ihrer Bestimmung, zu einer prachtvollen Rose zu wachsen, gerecht sein. Sie wird sich zeigen, wie Gott sie gebildet und erschaffen hat. In prächtiger Farbe mit dicker Knospe ohne Dornen wird sie himmlisch duften. Dann wird sie in voller Blüte sein und von innen nach außen wunderschön strahlen.

Doch nur wenn du im Stande bist, dich dieser Blume anzunehmen wie Gott sie erschaffen hat, wirst du anerkennen deine ganzheitliche wahre Schönheit. Noch bereits vor ihrer vollkommenen Blüte wirst du, in dir, die Schönheit einer allmählich aufgehenden Rose bemerken – wie schön du bereits schon bist in Gottes Augen.

Lass Deinen Wert nicht von anderen Menschen bestimmen. Du bist wertvoll, nach Gottes Vorstellungen geschaffen: Ein Poiema, sein Gedicht, Gottes Kunstwerk. Du bist einzigartig, unique, mit all dem, was dich ausmacht.

Höre, Gott mein Schreien,
achte auf mein Gebet!
Vom Ende der Erde ruf ich zu dir,
denn mein Herz ist in Angst.
Bring mich auf den Felsen hinauf,
der zu hoch für mich ist!
Du bist die Zuflucht für mich,
ein fester Turm gegen den Feind.
Lass mich immer Gast in deinem Zelt sein,
mich bergen im Schutz deiner Flügel.

Psalm 61, 2-5 / Neü Bibel.heute

PSALM 61

Erlösung

Ich danke dir Herr
Vom ganzen Herzen
An jenem Tag
Der Erlösung.
Du rettetest mich
Vor dem Bösen
Geist des Todes
Und der Dämonen.

O Herr der Herren
Deine Macht ist gewaltig.
Ich schrie
O Jesus
Rette mich
Mein Leben entgleitet mir.
O, Herr
Ich sterbe dahin.
Jesus!
Befreie mich
Von dem, was
In mir ist.
Dämon
Du zerstörst mich nicht.
Ich schrie meiner Seele
Bei Gott mir helfe,
Möchte leben

Nicht sterben
Mit Todesschrei
Um Erlösung,
Rette mich.
Ich glaube
Ich vertraue
Ich flehe dich an,
Treibe aus
Das Böse
Jesus, erlöse.
Befreie mich vom
Übergriff befremdlicher Qualen.
Ich rief Jesu Namen
In Glauben und Gebet
Erlöse mich,
Rette du mein Leben.
Denn du bist mächtig
Und stärker als Satan,
Der mich töten will.

Weiche Dämon
Im Namen Jesu
Betete man für mich
Nach Lukas 10 Vers 19.
Mit der Vollmacht Jesu, böse
Geister auszutreiben.

Im Angesicht des Todes
Erhörtest du o Herr die Gebete.
Deine Liebe ist unfassbar.

Allmächtig bist du Jesus.
Errettet wurde ich aus den
Fängen des Bösen.
Kraft deines Namens
Kamst mir zu Hilfe.
Ich danke dir.

DIE SIEBZIG ABER KEHRTEN MIT FREUDEN ZURÜCK UND SPRACHEN: HERR, AUCH DIE DÄMONEN SIND UNS UNTERTAN IN DEINEM NAMEN. ER SPRACH ABER ZU IHNEN: ICH SCHAUTE DEN SATAN WIE EINEN BLITZ VOM HIMMEL FALLEN. SIEHE, ICH HABE EUCH DIE MACHT GEGEBEN, AUF *SCHLANGEN UND *SKORPIONE ZU TRETEN, UND ÜBER DIE GANZE KRAFT DES FEINDES, UND NICHTS SOLL EUCH SCHADEN.

LUKAS 10, 17-19 - ELBERFELDER BIBEL

* Schlangen und Skorpione sind bildhafte Umschreibungen dämonischer Mächte.

Rettung aus Todesnot und Opfer des Dankes

Ich liebe den HERRN; denn er hört meine
Stimme, mein Flehen um Gnade.
Ja, er hat sein Ohr mir zugeneigt, alle meine
Tage will ich zu ihm rufen.
Mich umfingen Fesseln des Todes,
Bedrängnisse der Unterwelt haben mich
Getroffen, Bedrängnis und Kummer treffen mich.
Ich rief den Namen des HERRN: Ach HERR, rette
Mein Leben!
Gnädig ist der HERR und gerecht, unser Gott
Erbarmt sich.
Arglose behütet der HERR. Ich war schwach, er
Hat mich gerettet.
Komm wieder zur Ruhe, meine Seele, denn der
HERR hat dir Gutes erwiesen.
Ja, du hast mein Leben dem Tod entrissen, mein
Auge den Tränen, meinen Fuss dem Straucheln.
So gehe ich meinen Weg vor dem HERRN im
Land der Lebenden.

Psalm 116, 1-9 / Einheitsübersetzung der Heiligen Schrift (EÜ)

Meine Kinder

Meine Kinder,
ich entschuldige mich bei euch.
Ich möchte zugewandter, liebevoller, geduldiger
achtsamer zu euch sein.

Ihr seid einzigartig,
jeder von euch
bringt etwas Neues.
Seid verschieden und unvergleichlich.
Möchte euch nie wieder einander gegenüberstellen
und euch miteinander vergleichen.
Jeder einzelne von euch
ist von Natur aus einzigartig und besonders.

Jeder von euch bringt von Geburt an
seinen Charakter und seine Persönlichkeit mit.
Möchte euch weniger kritisieren,
dafür mehr respektieren,
möchte euch annehmen wie ihr seid,
und immer für euch da sein.

Entschuldigt bitte meine unbeabsichtigten Fehler.
Welche Eltern können schon makellos sein.
Habt ein schönes gesegnetes Leben,
das wünsche ich euch von ganzem Herzen.
Doch genau so wichtig ist es mir,

euch beizubringen Gott zu vertrauen.
Gottes Liebe ist bedingungslos.
Gott ist gütig, Gott ist treu und allmächtig.
So lebt bitte nicht in Religiosität, sondern im christlichen
Glauben.

Möchte euch weitergeben eine gute Haltung im Leben:
Meinen Glauben. Denn meine Zeit auf Erden ist
vergänglich.
Werde nur eine Weile bei euch sein. Bitte bewahrt Jesus
in euren Herzen. Wir sehen uns dann hoffentlich wieder,
doch nur wenn Gott euch als seine neugeborenen Kinder
väterlich kennt.

Er wird für euch sorgen heute, morgen und immer.
So vertraut euch ihm an im Leben.
Seine Fürsorge hat ewigen Bestand.

Manchmal verliert man sich im Leben und der Feind,
der schläft nicht. Er kreist um uns herum wie ein
brüllender Löwe, der verschlingen will seine Beute.
Bei näherer Betrachtung reicht auch nur ein verlockendes
Angebot
und wir tappen wie neugierige Mäuse in die Mäusefalle.

Wisset meine Kinder mit Gewissheit, wenn's mal nicht
rundgeht im Leben, dass ihr nicht allein seid. Gott ist mit
euch, immer.

Wenn ihr irgendwann versucht werdet,
euch anders zu geben als ihr im Innersten seid,
dies nur um anderen mehr zu gefallen als euch selbst
und ihr auf dem schlechten Weg seid, euch dabei ganz zu
verlieren.
Dann vertraut euch ihm an, eure Sorgen, euren Schmerz,
euren Kummer. Er wird euch lenken und führen,
beschützen, berühren und behüten, meine Kinder.

Wenn ihr Sachen ausprobiert, die schädlicher Art sind,
die gesundheitliche, gesellschaftliche und soziale Folgen
mit sich bringen.
Wenn ihr euch in Konflikten, Delikten, Missbrauch und
unverzeihlichen Vorwürfen befinden solltet. Dann wen-
det euch unbedingt auch an Gott. Bekennt eure Sünden
mit ungeteiltem und aufrichtigem Herzen und tut Buße,
denn Gott vergibt bedingungslos.

Wenn euer Körper, eure Seele, euer Geist krank gewor-
den sind, auch dann braucht ihr ihn. Denn Gott heilt und
stellt wieder her, was ungesund geworden ist.

Wenn das Innere und das Äußere in euch
gegensätzlicher nicht mehr sein kann
und ihr euch somit nicht mehr wiedererkennt,
weil alles unpassend geworden ist
und ihr euch gezwungenermaßen
in anderen Rollen wiederfindet

auch dann dürft ihr ihm alles anvertrauen.
Wenn ihr vergessen solltet, wer ihr in Christus seid,
nämlich: Kinder Gottes.
Dann fragt ihn. Er wird antworten.

Wenn's mal nicht gut geht im Leben, wisset: Gott ist bei
euch.
Bleibt beständig im Vertrauen auf ihn. Das wünsche ich
mir für euch sehr.
Verliert den Boden unter den Füßen nicht: Euren
Glauben.

Besonders in guten Zeiten, auch dann, vergesst ihn nicht.

Ihr solltet wissen, dass euer Vater im Himmel,
der meine und eure Gebete gut kennt,
schützend seine Hände über euch hält.
Egal in welch missliche Lage
ihr euch hineinmanövriert habt.
Denn du warst frei zu tun, was du wolltest.
Somit spreche ich dich an:
Sein letztes Wort zu deiner persönlichen Lebenstragödie
ist noch lange nicht ausgesprochen,
nichts ist aussischtlos, wenn du zu ihm kommst.
Gott ist Güte, er ist Treue,
er vergibt deine Reue und erneuert
auch dein Leben.

Nur auf Gott vertraut still meine Seele,
von ihm kommt meine Hilfe.
Nur er ist mein Fels und meine Hilfe,
meine Festung; ich werde kaum wanken.
(....)
Nur auf Gott vertraue still meine
Seele, denn von ihm kommt meine
Hoffnung.

Nur er ist mein Fels und meine Hilfe,
meine Festung; ich werde nicht wanken.
Auf Gott ruht mein Heil und meine
Ehre; der Fels meines Schutzes,
meine Zuflucht ist in Gott.

Vertraut auf ihn allezeit,
ihr von Gottes Volk!
Schüttet euer Herz vor ihm aus!
Gott ist unsere Zuflucht.

Psalm 62, 2-3/ 6-9 , Elberfelder Bibel

Psalm 62

JESAJA 49

DOCH GOTT ANTWORTET: »KANN EINE MUT-
TER IHREN SÄUGLING VERGESSEN? BRINGT SIE ES ÜBERS
HERZ, DAS NEUGEBORENE SEINEM SCHICKSAL ZU ÜBERLAS-
SEN? UND SELBST WENN SIE ES VERGESSEN WÜRDE – ICH
VERGESSE DICH NIEMALS!«

JESAJA 49, 15 - HOFFNUNG FÜR ALLE

Gewollt und geliebt

Danke, dass ich lebe und hier sein darf.
Habe nicht danach gefragt
Zu leben, um da zu sein.

Gott, du erschufst mich und wolltest mich
Bevor meine Eltern von mir wussten.
Du schufst den Menschen,
Du schufst mich,
Und sagtest: Sei willkommen.

Die Formung eines Menschen im Mutterleib
Geschieht im Verborgenen und im Stillen.
Lebe mein Kind, dein Herz schlägt
Du bist von mir gewollt.

Herz verschenkt

Mein Herz
Schenke ich dir.
Du nimmst mich an,
So wie ich bin,
Vater.

Trotz allem machst du mich neu,
Noch schöner und bunter
Mit allem was ich mitbring'.

Mein Aussehen und mein Herz
Verändern sich durch dich.
Ich strahle Wärme und Zufriedenheit aus.
Die Menschen um mich können sie sehen, die
Erneuerung in meinem Leben.

Gelassenheit und Zuversicht tragen mich fortan.
Ich lege bei dir meine alltäglichen Sorgen ab und bin im
Vertrauen sicherer geworden.
Denn du bist bei mir.

Mein Gott und mein Vater,
Ich schenke dir mein Herz.
Ich fühle mich angenommen,
Geliebt und geborgen.

Deine Liebe in mir hat an Leuchtkraft gewonnen.
Strahlend ist mein Aussehen durch dich geworden.
Du gibst mir Kraft, Hoffnung und Liebe
Fortan jeden Tag aufs Neue.

Vater, wo bist Du?

Vater, wo bist du?
Hast mich verlassen,
Mich im Stich gelassen.
Wir haben uns nie gesehen.
Von Anfang an warst du mir unbekannt.
Einzig meine Mutter,
Die ich sehr liebe,
Gab mir Geborgenheit
Und Wärme.

Vater, wo bist du?
Habe jahrelang heimlich
Nach dir gesucht.
Meine Seele ist müde geworden.
Dass du nicht da bist,
Damit habe ich mich abgefunden,
Lieder geschrieben und gesungen.
Doch innerlich,
Ganz ehrlich,
Ertrage ich es nicht,
Dich niemals
Gesehen zu haben.

Die Kindheit verbracht,
Ein Leben ohne dich,
War für mich nicht immer einfach.

Der stumme Schrei nach väterlicher Liebe.
Ist nichts Verwerfliches, mein Kind.
Dies tröstet dich wahrscheinlich nicht.
So sage ich dir:
Empfange die Liebe deines himmlischen Vaters,
Mein geliebtes Kind.
Meine Worte sind an dich gerichtet,
Behalte sie in deinem Herzen,
Denn auch ich bin dein Vater,
Der dich liebt und kennt.

Mein geliebtes Kind,
So lese den Brief,
Den ich an dich schrieb.
Und blättere die nächste Seite um.

Der Liebesbrief des Vaters

Mein Kind,

ich kenne dich ganz genau, selbst wenn du mich vielleicht noch nicht kennst. *PSALM 139,1* Ich weiß, wann du aufstehst und wann du schlafen gehst. *PSALM 139,2* Ich kenne alle deine Wege. *PSALM 139,3* Ich habe alle Haare auf deinem Kopf gezählt. *MATTHÄUS 10,29-31* Ich habe dich nach meinem Bild geschaffen. *1. MOSE 1,27* Durch mich lebst und existierst du. *APOSTELGESCHICHTE 17,28* Du bist mein Kind. *APOSTELGESCHICHTE 17,28* Ich kannte dich schon, bevor du geboren wurdest. *JEREMIA 1,4-5* Ich habe dich berufen, als ich die Schöpfung geplant habe. *EPHESER 1,11-12* Du warst kein Unfall. Ich habe jeden einzelnen Tag deines Lebens in mein Buch geschrieben. *PSALM 139,15-16* Ich habe den Zeitpunkt und den Ort deiner Geburt bestimmt und mir überlegt, wo du leben würdest. *APOSTELGESCHICHTE 17,26* Ich habe dich auf erstaunliche und wunderbare Weise geschaffen. *PSALM 139,14* Ich habe dich im Leib deiner Mutter kunstvoll gestaltet. *PSALM 139,13* Ich habe dich am Tag deiner Geburt hervorgerufen. *PSALM 71,6* Menschen, die mich nicht kannten, haben mich in falscher Weise repräsentiert. *JOHANNES 8,41-44* Ich bin nicht weit von dir weg oder zornig auf dich. Ich bin die Liebe in Person. *1. JOHANNES 4,16* Ich wünsche mir nichts sehnlicher, als dir meine Liebe verschwenderisch zu schenken. *1. JOHANNES 3,1* Ich biete dir mehr an, als ein Vater auf der Erde es je könnte. *MATTHÄUS 7,11* Ich bin der vollkommene Vater. *MATTHÄUS 5,48* Alle guten Dinge, die du empfängst, kommen von mir. *JAKOBUS 1,17* Ich stille alle deine Bedürfnisse und sorge für dich. *MATTHÄUS 6,31-33* Ich habe Pläne für dich, die voller Zukunft und Hoffnung sind. *JEREMIA 29,11* Ich liebe dich mit einer Liebe, die nie aufhören wird. *JEREMIA 31,3* Meine guten Gedanken über dich sind so zahlreich wie der Sand am Meeresstrand. *PSALM 139,17-18* Ich freue mich so sehr über dich, dass ich nur jubeln kann. *ZEPHANIA 3,17* Ich werde nie aufhören, dir Gutes zu tun. *JEREMIA 32,40* Du bist für mich ein kostbarer Schatz. *2. MOSE 19,5* Ich wünsche mir zutiefst, dich fest zu gründen und deinem Leben Halt zu geben. *JEREMIA 32,41* Ich will dir große und unfassbare Dinge zeigen. *JEREMIA 33,3* Wenn du mich von ganzem Herzen suchen wirst, werde ich mich von dir finden lassen. *5. MOSE 4,29* Habe deine Freude an mir – ich will dir das geben, wonach du dich sehnst. *PSALM 37,4* Ich selbst habe diese Wünsche und Sehnsüchte in dich hineingelegt. *PHILIPPER 2,13* Ich kann viel mehr für dich tun, als du es dir denken kannst. *EPHESER 3,20* Ich bin derjenige, der dich am meisten ermutigt. *2. THESSALONICHER 2,16-17* Wenn dein Herz zerbrochen ist, bin ich dir nahe. *PSALM 34,18* Wie ein Hirte ein Lamm trägt, so trage ich dich an meinem Herzen. *JESAJA 40,11* Eines Tages werde ich jede Träne von deinen Augen abwischen. *OFFENBARUNG 21,3-4* Und ich werde alle Schmerzen deines Lebens wegnehmen. *OFFENBARUNG 21,3-4* Ich bin dein Vater und ich liebe dich genauso, wie ich meinen Sohn Jesus liebe. *JOHANNES 17,23* Jesus spiegelt mein Wesen in vollkommener Weise wider. *HEBRÄER 1,3* Er kam auf diese

Welt, um zu zeigen, dass ich nicht gegen dich bin, sondern für dich. *Römer 8,32* Er kam, um dir zu sagen, dass ich deine Sünden nicht länger anrechne. *2. Korinther 5,18-19* Jesus starb, damit du und ich wieder versöhnt werden können. *2. Korinther 5,18-19* Sein Tod war der extremste Ausdruck meiner Liebe zu dir. *1. Johannes 4,10* Ich habe alles für dich aufgegeben, weil ich deine Liebe gewinnen will. *Römer 8,31-32* Wenn du das Geschenk, das Jesus dir macht, annimmst, empfängst du meine Liebe. *1. Johannes 2,23* Nichts kann dich jemals von meiner Liebe trennen. *Römer 8,38-39* Komm nach Hause, damit wir die beste Party feiern können, die der Himmel je gesehen hat. *Lukas 15,7* Ich war schon immer dein Vater und werde immer ein Vater für dich sein. *Epheser 3,14-15* Ich frage dich nun: Willst du mein Kind sein? *Johannes 1,12-13* Ich warte auf dich. *Lukas 15,11-32*

Alles Liebe, dein Papa, der Allmächtige Gott
Vaters Liebesbrief von Father Heart Communications © 1999
www.FathersLoveLetter.com

GLAUBE

LOBPREIS

Wie aber sollen die Menschen zu Gott rufen, wenn sie nicht an ihn glauben? Wie sollen sie zum Glauben an ihn finden, wenn sie nie von ihm gehört haben? Und wie können sie von ihm hören, wenn ihnen niemand Gottes Botschaft verkündet? Wer aber soll Gottes Botschaft verkünden, ohne dazu beauftragt zu sein? Allerdings hat Gott den Auftrag zur Verkündigung bereits gegeben, denn es ist schon in der Heiligen Schrift vorausgesagt: »Was für ein herrlicher Augenblick, wenn ein Bote kommt, der eine gute Nachricht bringt!« Aber nicht jeder hört auf diese rettende Botschaft. So klagte bereits der Prophet Jesaja: »Herr, wer glaubt schon unserer Botschaft?« Es bleibt dabei: Der Glaube kommt aus dem Hören der Botschaft; und diese gründet sich auf das, was Christus gesagt hat. Wie ist das nun bei den Juden? Haben sie etwa Gottes Botschaft nicht zu hören bekommen? Doch, natürlich! Es heisst ja in der Heiligen Schrift: »Auf der ganzen Erde hört man diese Botschaft, sie erreicht noch die fernsten Länder.«

Römer 10, 14-18 / Hoffnung für alle

Gottes Liebe haben Millionen von Menschen durch Gottes Barmherzigkeit erkannt. Sie haben Jesus Christus in ihren Leben angenommen:

Wenn du bereit bist Jesus in deinen Leben aufzunehmen bekennst du deinen Glauben, dass Jesus an deiner Stelle gestorben ist, um dir den Weg zum Vater frei zugänglich zu machen.

Gebet heißt zu Gott in Vertrauen gerichtet sprechen.
In diesem Fall könnten dir folgende Worte eine Hilfe sein:

Vater, du hast mir deine Liebe gezeigt. Ich möchte deine Liebe annehmen und anerkennen. Ich möchte dein Kind sein und bei dir wohnen.

Ich liebe dich und danke dir, dass du mich zuerst geliebt hast und mich nicht verurteilst. Ich wende mich von meinen Sünden ab, und bekenne mich zu dir. Ich nehme deine Vergebung, die du mir durch den Tod und die Auferstehung deines Sohnes Jesus Christus ermöglicht hast, an.

Ich danke dir für den Neuanfang in meinem Leben.
Ich vertrau dir mein Leben an und setzte meinen Glauben allein in Jesus, der mich errettet hat.
Danke, dass du mich liebst und mich zu deinem Kind machst.

König! Retter! Sohn Gottes!

»Eigentlich feiern wir jeden Sonntag Ostern und Weihnachten zugleich«, sagte mir mal eine gläubige Frau. So dürfen Christen ganzjährig an Jesus Christus denken, der gekommen ist, um für Sünder zu sterben. Zugleich bieten die Weihnachtstage und der Jahreswechsel Gelegenheit, Mitmenschen auf diesen Retter hinzuweisen und auch selbst neu über seine einzigartige Person zu staunen. So auch in diesem Heft.

König!

Viele in Israel warteten auf den König, auf ihren Messias. Doch als Er kam, wurde Er verworfen. Das Königreich existiert trotzdem – im Herzen und Leben der Jünger Jesu, die Ihn in ihrem Leben Herr sein lassen möchten. Ist Er »Gebieter« bei dir und mir, und bin ich gerne sein »Sklave«? Der Artikel über das Königreich (S. 12 ff.) hilft beim Verständnis dieses wichtigen Themas.

Retter!

Das Volk Israel erwartete einen König, doch es brauchte auch einen Retter, der sie von ihren Sünden erretten würde (Mt 1,21). Aber Gott hat noch viel »größer gedacht« – Er hat seinen Sohn als Retter der Welt gesandt (1. Joh 4,14). So erreicht die Botschaft vom Kreuz heute alle Erdteile, auch das immer weniger christliche Europa. Helfen wir beim Verbreiten der Rettungsbotschaft? Und: Bleiben wir

Christus für seine Rettung dankbar? Die faszinierende Geschichte von Stanislav Petrow in diesem Heft spornt dazu an. – Bist du eigentlich schon gerettet und weißt, dass deine Sünden vergeben sind?

Sohn Gottes!
Krippenspiele und Weihnachtslieder beschreiben den Herrn Jesus manchmal als das »Christkind.« Ja, Jesus lag als Kind in einer Krippe. Aber Er war ein »göttliches Kind«, gezeugt vom Heiligen Geist und daher auch als Mensch Sohn Gottes – und heilig, ganz ohne Sünde (Lk 1,35). Und nur so geeignet, fremde Schuld zu tragen. Ohne Jungfrauengeburt keine Erlösung! Der Artikel über dieses Thema zeigt, wie junge Menschen damals und heute ehrfürchtig und im Vertrauen auf Gott auch dieses Wunder als wahr betrachten (S. 4 ff.).

König! Retter! Sohn Gottes!
Was bedeutet uns dieser Herr Jesus Christus? Hat Er das Sagen in meinem Leben? Schaue ich immer wieder dankbar auf Ihn am Kreuz zurück? Wachse ich in der Erkenntnis des Sohnes Gottes? Dieses Heft kann dafür Impulse setzten – die auch über die Feiertage hinaus wirken.

Martin Schäfer,
Artikel aus der Zeitschrift Folge mir nach 12 / 2019, www.folgemirnach.de

DER PROLOG

IM ANFANG WAR DAS WORT, UND DAS WORT WAR BEI
GOTT
UND DAS WORT WAR GOTT (..)
UND DAS WORT IST FLEISCH GEWORDEN UND HAT UNTER
UNS GEWOHNT.

JOHANNES 1,1 / JOHANNES 1,14 - EINHEITSÜBERSETZUNG DER HEILIGEN
SCHRIFT (EÜ)

JESUS IST DAS WORT Übersetzt heißt es:

IM ANFANG WAR JESUS, UND JESUS WAR BEI GOTT
UND JESUS WAR GOTT (..)
UND JESUS IST FLEISCH GEWORDEN UND HAT UNTER UNS
GEWOHNT.

Gott wurde Mensch aus Liebe

Aus Liebe zu dir kam Gott auf die Welt.
Nicht im Gottesgewand, sondern
In Menschengestalt.
Erfüllt wurden die Prophezeiungen,
Emanuel: Gott mit uns,
Jesus, Sohn Gottes, geboren, unter uns.

Aus Liebe zu dir kam Gott auf die Welt.
Das Wort wurde Fleisch
Als Mensch in Christi Leib.

So sehr hat Gott die Welt geliebt,
Dass er seinen einzigen Sohn opferte,
Sein Leib und sein Blut hingab,
Um alle in der Welt zu retten.
Eine Welt, gefallen
In der Knechtschaft der Sünde.

So sehr hat Gott die Welt geliebt,
Dass er siegreich am Kreuz
Die Macht der Finsternis hat besiegt,
Über den Tod triumphierte,
Von den Toten auferstand
Und das ewige Leben hat gebracht.

So sehr hat Gott die Welt geliebt,

Dass er dir seine unendliche Liebe hat offenbart
Als am Kreuz Jesus für dich starb
Um zu bezahlen deine Sünden, deine Schuld.
Durch ihn bist du frei geworden,
Es ist vollbracht: endgültig versöhnt und bezahlt,
Die Schuld ist dir genommen.

Jesus lebt

Am Sonntagmorgen, dem ersten Tag der neuen Woche, ging Maria aus Magdala noch vor Sonnenaufgang zum Grab. Da sah sie, dass der Stein, mit dem das Grab verschlossen gewesen war, nicht mehr vor dem Eingang lag. Sofort lief sie zu Simon Petrus und dem anderen Jünger, den Jesus sehr lieb hatte. Aufgeregt berichtete sie ihnen: »Sie haben den Herrn aus dem Grab geholt, und wir wissen nicht, wohin sie ihn gebracht haben!« Da beeilten sich Petrus und der andere Jünger, um möglichst schnell zum Grab zu kommen. Gemeinsam liefen sie los, aber der andere war schneller als Petrus und kam zuerst dort an. Ohne hineinzugehen, schaute er in die Grabkammer und sah die Leinentücher dort liegen. Dann kam auch Simon Petrus. Er ging in das Grab hinein und sah ebenfalls die Leinentücher zusammen mit dem Tuch, das den Kopf von Jesus bedeckt hatte. Es lag nicht zwischen den Leinentüchern, sondern zusammengefaltet an der Seite. Jetzt ging auch der andere Jünger, der zuerst angekommen war, in die Grabkammer. Er sah sich darin um, und nun glaubte er, dass Jesus von den Toten auferstanden war. Denn bis zu diesem Zeitpunkt hatten sie die Heilige Schrift noch nicht verstanden, in der es heißt, dass Jesus von den Toten auferstehen muss. Danach gingen die beiden Jünger nach Hause zurück.

Johannes 20 - Hoffnung für alle (HFA)

JESUS BEGEGNET MARIA AUS MAGDALA

Inzwischen war auch Maria aus Magdala zum Grab zurückgekehrt und blieb voller Trauer davor stehen. Weinend schaute sie in die Kammer und sah zwei weiß gekleidete Engel an der Stelle sitzen, wo der Leichnam von Jesus gelegen hatte; einen am Kopfende, den anderen am Fußende. »Warum weinst du?«, fragten die Engel. »Sie haben meinen Herrn weggenommen, und ich weiß nicht, wo sie ihn hingebracht haben«, antwortete Maria. Als sie sich umblickte, sah sie Jesus dastehen. Aber sie erkannte ihn nicht. Er fragte sie: »Warum weinst du? Wen suchst du?« Maria hielt Jesus für den Gärtner und fragte deshalb: »Hast du ihn weggenommen? Dann sag mir doch bitte, wohin du ihn gebracht hast. Ich will ihn holen.« »Maria!«, sagte Jesus nun. Sie wandte sich ihm zu und rief: »Rabbuni!« Das ist Hebräisch und heißt: »Mein Lehrer.« Jesus sagte: »Halte mich nicht fest! Denn ich bin noch nicht zu meinem Vater in den Himmel zurückgekehrt. Geh aber zu meinen Brüdern und sag ihnen: Ich gehe zurück zu meinem Vater und zu eurem Vater, zu meinem Gott und zu eurem Gott!« Maria aus Magdala lief nun zu den Jüngern und berichtete ihnen: »Ich habe den Herrn gesehen!« Und sie erzählte alles, was Jesus ihr gesagt hatte.

JOHANNES 20 - HOFFNUNG FÜR ALLE (HFA)

DER AUFERSTANDENE ERSCHEINT SEINEN JÜNGERN

Am Abend desselben Tages hatten sich alle Jünger versammelt. Aus Angst vor den führenden Juden ließen sie die Türen fest verschlossen. Plötzlich kam Jesus zu ihnen. Er trat in ihre Mitte und grüßte sie: »Friede sei mit euch!« Dann zeigte er ihnen die Wunden in seinen Händen und an seiner Seite. Als die Jünger ihren Herrn sahen, freuten sie sich sehr. Jesus sagte noch einmal: »Friede sei mit euch! Wie mich der Vater gesandt hat, so sende ich jetzt euch!« Nach diesen Worten hauchte er sie an und sprach: »Empfangt den Heiligen Geist! Wem ihr die Sünden erlasst, dem sind sie erlassen. Und wem ihr die Schuld nicht vergebt, der bleibt schuldig.« Thomas, einer der zwölf Jünger, der auch Zwilling genannt wurde, war nicht dabei. Deshalb erzählten die Jünger ihm später: »Wir haben den Herrn gesehen!« Doch Thomas zweifelte: »Das glaube ich nicht! Ich glaube es erst, wenn ich seine durchbohrten Hände gesehen habe. Mit meinen Fingern will ich sie fühlen, und meine Hand will ich in die Wunde an seiner Seite legen.« Acht Tage später hatten sich die Jünger wieder versammelt. Diesmal war Thomas bei ihnen. Und obwohl sie die Türen wieder abgeschlossen hatten, stand Jesus auf einmal in ihrer Mitte und grüßte sie: »Friede sei mit euch!« Dann wandte er sich an Thomas: »Leg deinen Finger auf meine durchbohrten Hände und sieh sie dir an! Gib mir deine Hand und leg sie in die Wunde an meiner Seite! Zweifle nicht länger, sondern glaube!« Thomas antwortete: »Mein Herr und mein Gott!« Da sagte Jesus: »Du glaubst, weil du mich gesehen hast. Wie glücklich können sich erst die schätzen, die mich nicht sehen und trotzdem glauben!«

Die Jünger erlebten, wie Jesus noch viele andere Wunder tat, die nicht in diesem Buch geschildert werden. Aber die hier aufgezeichneten Berichte wurden geschrieben, damit ihr glaubt, dass Jesus der Christus ist, der versprochene Retter und Sohn Gottes. Wenn ihr an ihn glaubt, habt ihr durch ihn das ewige Leben.

JOHANNES 20 - HOFFNUNG FÜR ALLE (HFA)

Mehr als nur ein Wort von Dir

Du bist das Wort
Nichts ist unglaublich
Alles ist wahrhaftig
Nichts glaubte ich
Dann sah ich

Ich sehe Nächstenliebe
Ich sehe Güte
Ich sehe Heilung
Ich sehe Barmherzigkeit
Ich sehe Vergebung
Ich sehe Befreiung
Und fange zu glauben an
An mehr als nur ein Wort
Von dir Jesus

Dich gibt es

Tief ist mein Glaube an dich.
Niemals zweifelte ich.
Von klein auf, redetest du mit mir.
Dich spürte ich in meinen Gedanken und in meinem
Herzen.
Klein war ich, groß mein Glaube.
Als kleines Kind bliebst du mir nicht verborgen.
Ich glaubte nicht nur, ich wusste es.
Dich gibt es Gott.

Mein Herr ist mein Hirte

Inmitten meines Lebens:
Der Sinn in meinem Leben
Wird mir zu einem Rätsel.
Begreife nichts mehr;
Mein einfaches Dasein
Genügt mir nicht mehr.

Ich frage mich
Wofür bin ich
Auf dieser Welt.
Was hält und trägt mich.
Was kann und brauche ich.
Was erfüllt mich.
Ich will suchen und finden den Sinn in meinem Leben.
Das Wozu ich bin.

Soll Gott mir beistehen,
Ich lass mich finden.
Mein Herr ist mein Hirte,
Er führt und begleitet mich.
Er kennt mich von klein auf.
Er kennt meine Sehnsüchte und Wünsche,
Die er mir ins Herz gelegt hat.
Er ist die alleinige Antwort auf all meine Fragen.

Ich möchte ihm Raum geben.
Ich möchte ihm Zeit widmen.
Ich möchte von innen nach außen leben.

Ihm im Stillen begegnen.
Ihm zuhören.
Ihm nahe sein.
Denn er ist mein Hirte.
Er kennt die Tiefe meiner Seele.
Er kennt mein Urvertrauen und meinen Glauben.

Unser Vater

Ich glaube an meinen Vater unser.
Ich glaube an die Kraft des Gebets.
Sein Name ist mir heilig.
Er schenkte mir das Leben.
Ich bin sein Kind, er ist mein Vater.
In ihm bin ich neu geboren.
Einzigartig geschaffen hat er mich,
mit einer Berufung im Herzen.
Es ist schön ihn zu kennen,
Zu wissen, wer er ist: GOTT.
Sein Geist lebt.
Ich verleugne ihn nicht.
Sein Wille geschehe
Wie im Himmel so auf Erden.
Ihm folge ich nach und glaube.
Ich glaube an den Vater, den Sohn und den Heilgen Geist.
Ich trage meinen Glauben
Hiermit öffentlich.

(Ich glaube ohne Zweifel und zweifle nicht am Glauben)

Vaterunser

Vater unser im Himmel
Geheiligt werde dein Name
Dein Reich komme
Dein Wille geschehe
Wie im Himmel so auf Erden
Unser tägliches Brot gib uns heute
Und vergib uns unsere Schuld
Wie auch wir vergeben
Unseren Schuldigern
Und führe uns nicht
In Versuchung
Sondern erlöse uns
Von dem Bösen
Denn dein ist das Reich
Und die Kraft
Und die Herrlichkeit
In Ewigkeit
Amen

(Das Vaterunser ist das meist gesprochene Gebet der Christen in aller Welt, das Jesus seinen Jüngern gelehrt hat)

Entschlossen

Entschlossen gehst du deiner Wege.
Ohne hinter dich zu schauen,
Läufst du Umwege.
Entschlossen immer weiter
Ohne Rast und Ruh',
Ganz entschlossen bist du.

Entschlossen gehst du deiner Wege.
Ohne zu wissen, wo es lang geht.
Ohne jemanden an deiner Seite
Ganz einsam auf der Suche.

Entschlossen gehst du deiner Wege.
Für dich allein.
Möchtest finden
Wonach du suchst.

Suchet und findet

Ihr werdet mich suchen im Verborgenen.
Suchet und ihr werdet mich finden.
Dann werdet ihr spüren,
Wie nah ich euch bin.
Werdet sehen,
Den Glauben vor Augen.
Werdet nicht mehr blind sein
Und im Glauben vertrauen.
Gesegnet werdet ihr sein.
Gesegnet im Glauben.

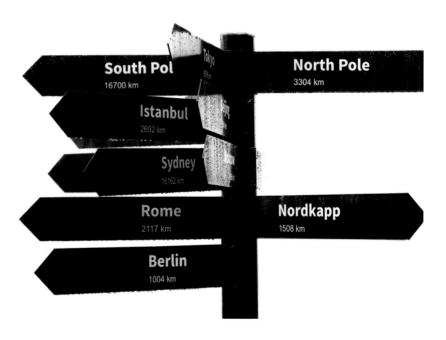

Denn wenn du mit deinem Mund bekennst: »Jesus ist der Herr«, und wenn du von ganzem Herzen glaubst, dass Gott ihn von den Toten auferweckt hat, dann wirst du gerettet werden. Wer also von Herzen glaubt, wird von Gott angenommen; und wer seinen Glauben auch bekennt, der findet Rettung. So heisst es schon in der Heiligen Schrift: »Wer auf ihn vertraut, steht fest und sicher.« Da gibt es auch keinen Unterschied zwischen Juden und anderen Völkern: Sie alle haben ein und denselben Herrn, Jesus Christus, der aus seinem Reichtum alle beschenkt, die ihn darum bitten.

»Denn jeder, der den Namen des Herrn anruft, wird gerettet werden.«

Römer 10, 9-13 / Hoffnung für alle (HFA)

RÖMER 10

Die wichtigste Entscheidung Ihres Lebens

»Gott, ich brauche dich.
Ich glaube,
dass du mich wirklich liebst
und du deinen Sohn Jesus
gesandt hast, um am Kreuz
für mich zu sterben.
Ich bin bereit, mit Jesus als
meinem Retter ein neues
Leben zu beginnen.
Ich bekenne dir meine Fehler.
All die Sünde in meinem
Leben tut mir leid.
Zeig mir bitte, wie ich
das neue Leben, das du mir
versprochen hast, führen kann.
Jesus, ich gebe dir mein Herz.
Nimm mich, wie ich bin
und mach mich so, wie du mich
haben willst. Amen!«

Joyce Meyer, Bibellehrerin und Bestsellerautorin
Quelle: »Das Leben Geniessen« von Joyce Meyer Ministries,
Magazin vom Dezember 2015.
Joyce Meyer Ministries ist eine christliche Nonprofit-Organisation
mit Hauptsitz in Fenton/Missouri (USA).
Weitere Informationen finden Sie unter: www.joyce-meyer.de

Von neuem geboren werden – ein Muss

Es gibt Menschen, die meinen, sie wären »im Glauben.« Gelegentlich nehmen sie die Bibel zur Hand und gelegentlich reden sie mit Gott – dann, wenn sie ein Bedürfnis danach verspüren. Um »aufzutanken« besuchen sie gern mal eine christliche Veranstaltung. Doch im Allgemeinen leben sie ihren »Glauben« ganz privat. Gemeint sind Menschen, die zwar religiös sind, denen aber das Entscheidende fehlt: Sie haben keinen echten, biblischen Glauben und damit auch kein neues, göttliches Leben. Wie geht man mit ihnen um bzw. wie kann man ihnen helfen, dass sie zum wahren Glauben durchbrechen?

Anhand von Johannes 3 wollen wir uns im Folgenden anschauen, wie der Herr Jesus einem religiösen Menschen begegnete – Nikodemus, einem Obersten der Juden – und ihm zum »Durchbruch« verhalf.

Die Wunder Jesu zogen damals viele Menschen an, auch Nikodemus. Ihm war es ein Bedürfnis, sich mit einem Anliegen direkt an Jesus zu wenden. War ihm bewusst geworden, dass dieser Lehrer mehr zu bieten hatte als alle Gelehrten in Israel? Und dass ihm selbst trotz Führungsposition und -aufgabe etwas Entscheidendes fehlte?
Jesus Christus aufsuchen und sich zu Ihm bekennen – damit stellt man sich gegen die öffentliche Meinung. Das

kann damals wie heute jegliche Anerkennung kosten. Nikodemus kam deshalb bei Nacht zu Jesus. Aber er kam, und das war ausschlaggebend. Und er kam nicht als Klugredner, sondern wie ein Schüler zum Lehrer.

Anerkennende Worte und eine bemerkenswerte Antwort

»Rabbi, wir wissen, dass du ein Lehrer bist, von Gott gekommen, denn niemand kann diese Zeichen tun, die du tust, wenn Gott nicht mit ihm ist«, so leitet Nikodemus die Unterhaltung ein. Und die Reaktion des Herrn darauf? »Wahrlich, wahrlich, ich sage dir: Wenn jemand nicht von neuem geboren wird, so kann er das Reich Gottes nicht sehen«. Hatte Nikodemus nicht recht mit seinen anerkennenden Worten? Zweifellos: Christus war von Gott gekommen, und Gott war mit Ihm. Doch warum geht der Herr gar nicht darauf ein? Für jeden Menschen wäre diese Anrede die höchste Ehre gewesen; für den Sohn Gottes dagegen war sie nur der Beweis dafür, dass Nikodemus Ihn und auch sich selbst noch nicht wirklich kannte.

Die Juden glaubten, dass sie aufgrund ihrer Abstammung dazu berechtigt waren, ins Reich Gottes einzugehen. Ferner wollte Nikodemus für sich Nutzen aus den Lehren Jesu ziehen, deshalb suchte er den Lehrer auf. Aber der Herr Jesus macht hier deutlich, dass eine grundlegende Änderung im Menschen stattfinden muss, damit er wirklich Einsicht in die Dinge Gottes bekommen kann: Wir müssen von neuem geboren werden.

Von neuem geboren – wie soll das gehen?

»Von neuem geboren werden« – was soll Nikodemus sich darunter vorstellen? Dass man auf übernatürliche Weise in den Körper der eigenen Mutter zurückkehrt, um dann noch einmal geboren zu werden? Nein, das kann der Sohn Gottes niemals gemeint haben. Er spricht hier über geistliche Dinge – im Gegensatz zu Nikodemus, der sich auf seine natürliche Vorstellungskraft stützt. Ein Mensch könnte noch so oft von seiner Mutter geboren werden, sein Wesen würde sich nicht ändern, es würde »Fleisch« bleiben: »Wie könnte ein Reiner aus einem Unreinen kommen? Nicht ein einziger!«, musste schon Hiob feststellen.

Aus Wasser und Geist geboren

Nun erklärt der Herr Jesus die Neugeburt: Sie ist ein Vorgang, der durch Wasser und Geist geschieht. Das kann nur eine symbolische Sprache sein. Mit »Wasser« ist nicht etwa das Taufwasser gemeint. Nein, das »Wasser« ist hier vielmehr ein Symbol des Wortes Gottes, das der Heilige Geist an der Seele eines Menschen wirksam werden lässt. Das entspricht dem, was Jakobus in seinem Brief schreibt: »Nach seinem eigenen Willen hat er uns durch das Wort der Wahrheit gezeugt [o. geboren]«.

Jeder Mensch ist von Grund auf ein Sünder und als Nachkomme Adams unverbesserlich. Deshalb braucht er einen völlig neuen Ursprung. Weil er sich diesen neuen Ursprung nicht selbst verschaffen kann, ist ein Werk Gottes notwendig. Die Menschen hätten das Reich Gottes damals bereits in der Person Jesu erkennen können, aber um daran teilzuhaben, braucht der Mensch eine ganz neue Natur, die zu dem Reich passt – man muss aus Gott geboren sein (Lukas 17,21; Johannes 1,13).

Große Verwunderung

Nikodemus ist verwundert. Warum? Stellen wir uns einen religiösen Menschen vor, der sich bemüht, die Gebote Gottes zu halten und vielleicht auch noch darüber zu reden. Bei Nikodemus war es zudem so, dass er auf den angekündigten Messias wartete, der Israel von der römischen Besatzungsmacht befreien und dann sein Reich aufrichten würde. Und solch ein religiöser Mann wird jetzt mit der Notwendigkeit der Neugeburt konfrontiert. Doch er muss lernen, dass weder gute Werke noch religiöse Bildung oder anerkannte Frömmigkeitsformen zum Eingang in das Reich Gottes berechtigen. Es muss unbedingt etwas völlig Neues in der Seele eines Menschen entstehen: Eine neue Natur, göttliches Leben.

Neugeburt – ein Muss

Beachten wir, dass der Herr Jesus bei Nikodemus nicht über Sünden spricht, die er zu bekennen hätte. Zweifellos hatte er gesündigt. Er war ja ein Sünder wie alle anderen Menschen auch. Aber religiöse Menschen gehen manchmal in einer selbstgerechten Art mehr oder weniger aufrichtig mit ihren Verfehlungen um. Nikodemus hätte das vielleicht bestätigen können. Doch das Bekenntnis einzelner Sünden macht aus einem Sünder noch keinen neu geborenen Menschen. Dazu ist mehr erforderlich.

Ein geheimnisvoller Vorgang

Für Nikodemus wird es an dieser Stelle eng: Hat er bisher eine innere Veränderung erlebt? Kennt er ein Einst und Jetzt? Er hört weiter zu und lernt, dass die neue Geburt vollständig aus Gott ist. Es ist eine souveräne Handlung des Heiligen Geistes, ähnlich dem Wind, der nicht nach Anweisung des Menschen weht. Wir können nicht sagen, woher er kommt oder wohin er geht: Genauso wenig können wir das souveräne Handeln des Heiligen Geistes in der Seele eines Menschen erklären. Es bleibt ein Geheimnis, aber die Wirkung ist deutlich sichtbar und das ist der springende Punkt: Es entsteht neues Leben, das seinen Ursprung in Gott hat und das genauso denkt und empfindet wie Gott.

Das sollte man wissen

Nikodemus ist immer noch verwundert, obwohl er etwas von dieser Neugeburt hätte kennen müssen. Hatte nicht schon der Prophet Hesekiel von »Wasser« und von »Geist« gesprochen? Gott wollte die Israeliten von ihren Unreinigkeiten reinigen und ihnen ein neues Herz und einen neuen Geist geben (Hesekiel 36,25–27).

Neugeburt muss man erlebt haben

Die Neugeburt ist kein Vorgang, der im Überschwang der Gefühle stattfindet. Sie findet bei der Bekehrung statt und ist mit Buße und Glauben verbunden: Buße, weil man erkennt, dass man ein Sünder ist und dass man auf einem völlig verkehrten Weg ist; Glauben, weil man das für wahr hält, was Gott in seinem Wort sagt und sich dem Retter Jesus Christus ganz anvertraut.

Wer von neuem geboren ist, sieht sich selbst in einem neuen Licht: früher verdorben und verloren, heute neues Leben und bei Gott angenommen; früher blind für Jesus Christus (nur ein Sittenlehrer), heute der Sohn Gottes und der Retter und Herr, der das Reich Gottes, bestehend aus Gerechtigkeit, Friede und Freude (Röm 14,17), in sich verkörpert.

Neugeburt – was sagt mir das?

Vielleicht können diese wenigen Zeilen bewirken,

- dass ein Leser bei sich feststellt, dass ihm die Neugeburt noch fehlt, weil er Jesus noch nicht als Retter und Herrn im Glauben angenommen hat. Bedenke: Wir müssen von neuem geboren werden.

- dass einem Leser das göttliche Geschenk der Neugeburt wieder neu wertvoll wird und er dafür Gott von Herzen dankt.

- dass einem Leser der beispielhafte Umgang des Herrn Jesus mit einem religiösen Menschen eine Hilfe geworden ist.

Tatsache ist jedenfalls, dass die Neugeburt ein großartiger Bestandteil der Heilswahrheit Gottes ist.

Hartmut Mohncke, Artikel aus der Zeitschrift Folge mir nach 9/20016, www.folgemirnach.de

Neugeboren

Als Mensch leben wir.
Geboren wurden wir
Aus Fleisch und Blut bestehen wir.
Jeder Mensch hat einen Vater, hat eine Mutter.
Irdischer Natur sind wir.
Doch unser himmlischer Vater
Ist rein geistlicher Natur.
Er ist unser Schöpfer.

Irdisch geboren, das sind wir alle,
Wir sind alle Gottes Kreaturen,
Geschaffene Wesen.
Empfangen im Bauch unserer Mutter,
Aus dem Samen des leiblichen Vaters.
Gewollt von Gott, dem Schöpfer.
Entstanden durch den Heiligen Vater
Sind wir Gottes Geschöpfe.
Doch anerkennen wir ihn an
Als solchen?

Menschlich gesehen wurden wir
Körperlich geboren, doch noch nicht geistlich;
Darum meint »neugeboren«
Die Geburt durch den Geist,
Nicht im Leibe der Mutter,
Doch im Geist Gottes.

Die erste Geburt, »rein physiologisch«, unfreiwillig.
Die zweite Geburt, »rein geistlich«, freiwillig,
Neugeboren in Christus.
Geboren im wahren Glauben.
Gott als Vater innerlich annehmend,
Bereit zur Buße und zum Bekenntnis.
Seelisch aufgenommen habend
Den Sohn, den Vater und den Heiligen Geist.

Es ist keine Frage des Verstands.
Es ist der Glaube an Jesus Christus.
Es ist nicht intellektuelles Wissen,
Es ist Begreifen im Herzen.
Es ist der Glaube,
Die volle Gewissheit
Der eindeutigen
Vaterschaft Gottes
Durch Christus.

Gottes Kinder

Als Neugeborene sind wir Kinder Gottes. Die natürliche Geburt bedeutet nicht herkömmlich Kind Gottes zu sein. Gebürtig sind wir die Geschöpfe Gottes, doch lange nicht seine rechtmäßigen Kinder. Gott liebt sein Kunstwerk, er kennt dich und liebt dich. Er sehnt sich nach seiner Schöpfung. Er will dich! Er lässt uns jedoch die Freiheit, selbst zu entscheiden, ob wir ihm auch angehören wollen und in sein Königreich aufgenommen werden möchten. Die körperliche Geburt ohne geistige Neugeburt in Christus reicht für eine Vaterschaft Gottes jedoch nicht aus. Neu geboren sein geht einher mit der persönlichen Bewusstwerdung und Erfahrung der innigen bedingungslosen Gottesliebe zu uns. Es geschieht im vollen Bewusstsein, Gottes Vaterschaft für unser Leben anzunehmen, den Schöpfer des Himmels und der Erde anzuerkennen und in eigener Freiwilligkeit Buße zu tun, Christus als Sohn Gottes zu bejahen und an seine Auferstehung zu glauben. Wenn wir Jesus wahrhaftig als unseren Herrn und Retter bekennen und daraus kein Lippenbekenntnis machen, sondern im Herzen wahrhaftig daran glauben, dann sind wir in Christus Neugeborene, Kinder Gottes und bekehren uns durch die Führung des Heiligen Geistes. Dann bewirkt Gottes Geist eine Neugeburt in uns. Erneuert werden wir, das Alte ist vergangen, neu leben wir, geleitet durch den Heiligen Geist, als Söhne und Töchter Gottes.

SEHT, WELCH EINE LIEBE HAT UNS DER VATER ERWIESEN, DASS WIR GOTTES KINDER HEISSEN SOLLEN – UND WIR SIND ES AUCH!

1. JOHANNES 3,1 - LUTHERBIBEL

GOTTES GEIST SELBST GIBT UNS DIE INNERE GEWISSHEIT, DASS WIR GOTTES KINDER SIND.

RÖMER 8, 16 - HOFFNUNG FÜR ALLE

Leuchttürme

Keiner hat ihn in voller Pracht je gesehen,
Den allmächtigen, gütigen Gott,
Schöpfer des Himmels und der Erde,
Unbegreiflich, umstritten
Ist das, was nicht zu sehen
Und dennoch da ist.
Übernatürlich, spirituell, geistlich
Groß sind deine Werke, o Herr.
Für Außenstehende unbegreiflich dein Tun;
Schicktest uns deinen einzigen Sohn
Als Zeichen deiner Liebe und Gnade.
Groß sind deine Werke, Sohn Gottes, Jesus Christus.
Du bist die Wahrheit, der Weg und das ewige Leben.
Im Geist lebst du; unsterblich bist du.
Du bist auferstanden von den Toten.
Nachdem du hinaufgestiegen bist in den Himmel,
Sandtest du uns deinen Heiligen Geist,
Den Tröster und Lehrer mitten unter uns.
Empfangen haben wir den Heilgen Geist in uns.
Wir bekennen uns zu Jesus und tragen das Licht des
Evangeliums.
Wir sind Hoffnungsträger, sind Leuchttürme des
Glaubens und verkünden die frohe Botschaft.
Im Herzen der Menschen zünden wir an, was bereits
erloschen ist.
Wir sind Leuchttürme, Träger des Lichts.

ABER DER TRÖSTER, DER HEILIGE GEIST, DEN
MEIN VATER SENDEN WIRD IN MEINEM NAMEN, DER WIRD
EUCH ALLES LEHREN UND EUCH AN ALLES ERINNERN, WAS
ICH EUCH GESAGT HABE.

JOHANNES 14, 26 - LUTHERBIBEL

Der Heilige Geist ist eine Person

Der Geist Gottes ist nicht nur eine gewaltige Kraft und ein großartiger Einfluss. Nein, Er ist eine göttliche Person. Dem steht nicht entgegen, dass der Geist keinen Körper hat. Denn ein Körper ist nicht notwendig, um eine Person zu sein. Gott, der Vater, hat auch keinen Leib – ist Er deswegen keine Person? Und war der Herr Jesus vor seiner Menschwerdung etwa keine Person? Der geschätzte Bibelausleger Rudolf Brockhaus hat den Begriff Person in seinem Buch »Die Gabe des Heiligen Geistes« wie folgt definiert: »Eine Person ist ein lebendes Wesen, das sich ... seines Seins bewusst ist, das denkt, will und handelt.« Und gerade das trifft auf den Heiligen Geist zu.

Die Bibel zeigt an vielen Stellen, dass der Heilige Geist handelt, und das kann nur von einer Person gesagt werden. Die folgende Auflistung von neutestamentlichen Bibelstellen soll das deutlich machen und uns gleichzeitig einen gewissen Überblick über die gesegnete Tätigkeit des Heiligen Geistes geben, ohne dass sie den Anspruch auf Vollständigkeit erhebt.

Der Heilige Geist ...
lehrt die Jünger (Lk 12,12; Joh 14,26; 1. Kor 2,13)
erinnert an die Worte des Herrn (Joh 14,26)
zeugt von dem Herrn (Joh 15,26)
überführt die Welt von Sünde, Gerechtigkeit und Gericht (Joh 16,8-11)

leitet Gläubige in die ganze Wahrheit (Joh 16,13)

verkündigt Jüngern das Kommende (Joh 16,13)

redet über die Dinge des Herrn (Joh 16,13)

verherrlicht den Herrn Jesus (Joh 16,14)

spricht zu Gläubigen (Apg 8,29; 10,19; 11,12; 13,2; 20,23; 21,11; 28,25)

ermuntert Heilige (Apg 9,31)

hindert Jünger, etwas zu tun (Apg 16,6)

erlaubt Jüngern nicht, etwas zu tun (Apg 16,7)

führt die Söhne Gottes (Röm 8,14; Gal 5,18)

bezeugt mit unserem Geist, dass wir Kinder Gottes sind (Röm 8,16)

hilft Gläubigen in ihrer Schwachheit (Röm 8,26)

verwendet sich für Gläubige Gott gemäß (Röm 8,27)

erforscht die Tiefen Gottes (1. Kor 2,10)

verteilt nach seinem Willen Gnadengaben (1. Kor 12,11)

schreibt auf fleischerne Tafeln des Herzens (2. Kor 3,3)

weissagt Zukünftiges (1. Tim 4,1)

bezeugt Christen die Sündenvergebung (Heb 10,15)

ruht auf bekennungsfreudigen Christen (1. Pet 4,14)

spricht zu Versammlungen (Off 2,7.11.17.29; 3,6.13.22)

erklärt die Worte Gottes (Off 14,13)

ruft zu dem Herrn Jesus (Off 22,17)

Kann ein unpersönlicher »Hauch« einen Willen haben? Kann eine Kraft reden, schreiben, leiten, lehren? Das ist unmöglich. Der Heilige Geist ist eine Person, die aktiv, bewusst und mit Willen handelt.

In der Schrift wird nicht nur gezeigt, dass der Geist Gottes handelt, sondern Er wird auch als jemand vorgestellt, mit dem etwas geschieht. Der Heilige Geist kann …

gelästert werden (Mk 3,29.30)

belogen werden (Apg 5,3)

versucht werden, das heißt auf die Probe gestellt werden (Apg 5,9)

bekämpft werden (Apg 7,51)

betrübt werden (Eph 4,30)

geschmäht werden (Heb 10,29)

Das alles kann nur von einer Person gesagt werden. Denn wie soll man ein Prinzip traurig machen? Wie einen Einfluss oder eine Kraft belügen?

Der Heilige Geist ist Gott

Viele der angeführten Schriftstellen machen bereits deutlich, dass der Geist nicht nur eine Person, sondern auch Gott ist. Aber weil dieser Punkt so wichtig ist, möchte ich ihn noch etwas ausführlicher beleuchten.

Zunächst: Der Geist wird in der Heiligen Schrift ausdrücklich Geist Gottes genannt (1. Mo 1,2; Mt 3,16). Wir lesen außerdem vom Geist des Herrn (Ri 14,6) und vom Geist des Herrn, Herrn (Adonai Jahwe, Jes 61,1). Ferner wird der Geist Gottes mit den anderen Personen der Gottheit verbunden. So ist die Rede vom Geist des Vaters (Mt 10,20); Geist des Herrn (Lk 4,18; 2. Kor 3,17); Geist Jesu (Apg 16,7); Geist Christi (Röm 8,9) und Geist des Sohnes (Gal 4,6).

Viele Verse in Gottes Wort bestätigen, dass der Heilige Geist eine Person der Gottheit ist, weil Er nicht von Gott (wohl aber vom Vater und Sohn) unterschieden oder weil Er völlig auf eine Stufe mit dem Vater und dem Sohn gestellt wird:

Die Gläubigen werden Tempel Gottes genannt, weil der Geist Gottes in ihnen wohnt (1. Kor 3,16; vgl. Eph 2,22). Gott hat durch den Mund seiner heiligen Propheten im Alten Testament geredet (Lk 1,70). Andere Schriftstellen erklären, dass dies durch den Geist geschah (2. Sam 23,2.3; Apg 1,16; 2. Pet 1,21).
Die Bibel ist das Wort Gottes; sie ist aber gleichzeitig nichts anderes als das Reden des Geistes (Heb 4,12; 3,7-9;

10,15.16). Der Herr Jesus stellte den Heiligen Geist auf eine Stufe mit sich selbst, indem Er Ihn als den »anderen Sachwalter« bezeichnete (Joh 14,16). Das macht deutlich, dass der Geist genauso eine Person wie der Sohn ist und dass Er genauso Gott ist.

Der Heilige Geist wird in »einem Atemzug« in verschiedenen Schriftstellen mit den anderen beiden Personen der Gottheit genannt. Der Herr Jesus sagte: »Geht nun hin und macht alle Nationen zu Jüngern und tauft sie auf den Namen [Einzahl!] des Vaters und des Sohnes und des Heiligen Geistes« (Mt 28,19). Und in 2. Korinther 13,13 lesen wir: »Die Gnade des Herrn Jesus Christus und die Liebe Gottes und die Gemeinschaft des Heiligen Geistes sei mit euch allen!« (vgl. auch Mt 3,16.17).

Die Bibel beschreibt die Eigenschaften des Heiligen Geistes. Es sind unzweideutig göttliche Eigenschaften. Denn der Heilige Geist ist …

allgegenwärtig (Ps 139,7)

allwissend (Jes 40,13; 1. Kor 2,11)

allmächtig (Hiob 26,13)

souverän (Joh 3,8; 1. Kor 12,4-11)

ewig (Heb 9,14)

Gottes Wort zeigt ferner, dass der Heilige Geist Menschen vom Tod zum Leben führt. Durch seine Macht sind wir zu Gott gebracht worden. Wer anders als Gott ist imstande, das Werk der Errettung an uns zu vollbringen? Der Heilige Geist …

wirkt die Neugeburt (Joh 3,5-8)

macht lebendig (Joh 6,63; 2. Kor 3,6)

wäscht, heiligt und rechtfertigt (1. Kor 6,11)

und gibt auch die Ernte des ewigen Lebens (Gal 6,8)

Der Heilige Geist ist Gott! Und Er ist völlig eins mit dem Vater und dem Sohn. Es gibt bei den Personen der Gottheit keine Rangordnung. Deshalb sollten wir auch nicht von der dritten Person der Gottheit sprechen, wenn es um den Geist geht – weil das den Gedanken einer Rangordnung fördert.

Der Heilige Geist und die Lebenspraxis

Der Heilige Geist ist am Tag der Pfingsten auf die Erde herabgekommen, nachdem der Herr Jesus das Werk am Kreuz vollbracht hatte, auferstanden und in den Himmel aufgefahren und im Himmel verherrlicht worden war (Apg 2,1-4; Joh 7,39; 16,7). Jetzt wohnt der Geist in der Versammlung (1. Kor 3,16; Eph 2,22) und in jedem Gläubigen (Röm 8,11; 1. Kor 6,19).

Gott wohnt in uns! Wir werden nicht nur von einer Kraft beseelt, sondern Gott, der Heilige Geist, hat Wohnung in uns gemacht. Das ist ein gewaltiger Unterschied, der einen enormen Einfluss auf unsere Lebenspraxis hat. Denn wäre der Geist lediglich eine Kraft, die in mir wirkt, könnte ich meine eigenen Pläne ausführen und mir dabei diese Kraft nutzbar machen. Dann wäre immer noch ich der Impulsgeber und Handelnde. Wenn aber Gott selbst in mir wohnt, muss Er es sein, der meine Überlegungen und Taten kontrolliert und steuert. In diesem Fall bin ich nur ein Werkzeug, das Er verwendet. Ist es nicht ein großer Unterschied, ob ich, als Geschöpf, den Schöpfer für meine Zwecke benutzen will oder ob der allmächtige Gott mich in seiner Gnade gebraucht, um seinen Willen zu tun?

Möge Gott, der Heilige Geist, uns stets leiten und führen! Dann wird der Herr Jesus verherrlicht werden und es werden Ströme des Segens von uns ausgehen.

Gerrid Setzer,
Artikel aus der Zeitschrift Folge mir nach 10/ 2015, www.folgemirnach.de

BERGPREDIGT

IHR SEID DAS SALZ DER ERDE. WENN DAS SALZ SEINEN GESCHMACK VERLIERT, WOMIT KANN MAN ES WIEDER SALZIG MACHEN? ES TAUGT ZU NICHTS MEHR, AUSSER WEGGEWORFEN UND VON DEN LEUTEN ZERTRETEN ZU WERDEN. IHR SEID DAS LICHT DER WELT. EINE STADT, DIE AUF EINEM BERG LIEGT, KANN NICHT VERBORGEN BLEIBEN. MAN ZÜNDET AUCH NICHT EINE LEUCHTE AN UND STELLT SIE UNTER DEN SCHEFFEL, SONDERN AUF DEN LEUCHTER; DANN LEUCHTET SIE ALLEN IM HAUS. SO SOLL EUER LICHT VOR DEN MENSCHEN LEUCHTEN, DAMIT SIE EURE GUTEN TATEN SEHEN UND EUREN VATER IM HIMMEL PREISEN.

MATTHÄUS 5, 13-16 / EINHEITSÜBERSETZUNG (EÜ)

Licht und Salz

Ich glaube an das, was mein Auge nicht zu sehen vermag, doch mein Herz erleuchtet. Ich glaube an Gott, den Schöpfer und an seinen Sohn Jesus Christus. So wahr Gott mich sieht, bin ich Licht und Salz der Erde.

Der Gärtner

In meinem Garten möchte ich der Gärtner sein. Meine Bäume, meine Erde, meine Blumen, meine Früchte gut kennen. Ich möchte meine Pflanzen pflegen und hegen, wachsen und gedeihen lassen. Ich möchte *Samen in den Boden säen, möchte geduldig warten bis zum Durchbruch. Ich möchte das Gesetz der Saat und der Ernte geistlich erleben und mich des Anblickes meines Gartens erfreuen.

In meinem Garten möchte ich sein wie ein Baum, inmitten der Natur, hochgewachsen mit einer grünbelaubten Krone schöner Blätter und guten Früchten. Ich möchte über die Dächer der Häuser hinausragen und bis zum Himmel geistlich wachsen. Möchte sehen die Umgebung um mich im Laufe der Jahre. Als Stammbaumhalter würde ich fest am Boden geerdet sein, gefestigt im Glauben, mit prächtigen stabilen Wurzeln aufrecht stehen.

Als Gärtner möchte ich die *Frucht des Geistes in mir und meinem Umfeld sehen.

* Der Samen ist das Wort Gottes
* Die Frucht des Geistes ist Liebe, Freude, Friede, Langmut, Freundlichkeit, Güte, Treue, Sanftmut und Selbstbeherrschung

Saat und Ernte

»Was aber auf den guten Boden fiel, das deutet auf solche, die das Wort, welches sie gehört haben, in einem feinen und guten Herzen festhalten und mit Beharrlichkeit Frucht bringen.«

Lukas 8,15 - Menge Bibel

LUKAS 8

Die Frucht des Geistes

Die Frucht des Geistes aber ist Liebe, Freude, Friede, Langmut, Freundlichkeit, Güte, Treue, Sanftmut, Selbstbeherrschung.

Galater 5, 22 - Schlachter Bibel

GALATER 5

Deine schützende Hand

Deine Hand, die mich trägt
Auf steilen ungeraden Wegen

Deine Hand, die mich trägt
Und versorgt in schlechten Tagen

Deine Hand, die mich trägt
Auf unruhigen Gewässern

Deine Hand, die mich trägt
In schwierigen und bedrohlichen Lebenslagen

Deine Hand, die mich trägt
Auf seidenem Faden

Ist ein Segen, der mich hält und mich
Nicht zu Fall bringt

In deiner Hand fühle ich mich beschützt und geborgen

MEIN GELIEBTER IST WEISS UND ROT, AUSGE-
ZEICHNET VOR ZEHNTAUSENDEN. SEIN HAUPT IST GEDIE-
GENES, FEINES GOLD, SEINE LOCKEN SIND HERABWALLEND,
SCHWARZ WIE DER RABE; SEINE AUGEN WIE TAUBEN AN
WASSERBÄCHEN, BADEND IN MILCH, EINGEFASSTE STEINE;
SEINE WANGEN WIE BEETE VON WÜRZKRAUT, ANHÖHEN
VON DUFTENDEN PFLANZEN; SEINE LIPPEN LILIEN, TRÄU-
FELND VON FLIESSENDER MYRRHE; SEINE HÄNDE GOLDENE
ROLLEN, MIT TOPASEN BESETZT; SEIN LEIB EIN KUNST-
WERK AUS ELFENBEIN, BEDECKT MIT SAPHIREN; SEINE
SCHENKEL SÄULEN AUS WEISSEM MARMOR, GEGRÜNDET
AUF UNTERSÄTZE AUS FEINEM GOLD; SEINE GESTALT WIE
DER LIBANON, AUSERLESEN WIE DIE ZEDERN; SEIN GAU-
MEN IST LAUTER SÜSSIGKEIT, UND ALLES AN IHM IST LIEB-
LICH.

DAS HOHELIED 5, 10-16

Glaubensimpulse aus dem Hohelied

Das Hohelied beschreibt die Beziehung eines Bräutigams (Salomo) zu seiner Braut. Bildhaft können wir darin die Beziehung Christi, des wahren Friedenskönigs, zum künftigen gläubigen Überrest Israels erkennen. Darüber hinaus lässt sich das Verhältnis zwischen Braut und Bräutigam auf unsere persönliche Beziehung zum Herrn Jesus anwenden. Unter diesem Blickwinkel wollen wir uns einige Stellen im Hohenlied anschauen und praktisch auf unser Glaubensleben anwenden.

Wo lässt du lagern am Mittag?
Gemeinschaft mit dem Herrn

In Kapitel 1,7 stellt die Braut die Frage nach dem Aufenthaltsort des Bräutigams: »Sage mir an, du, den meine Seele liebt, wo weidest du, wo lässt du lagern am Mittag?« Die Braut möchte da sein, wo ihr Geliebter ist. Sie sehnt sich nach der Gemeinschaft mit ihm. Sie weiß, dass nur er ihre Herzenswünsche ganz stillen kann. Auch wir wollen uns diese Frage zu Herzen nehmen. Der Herr Jesus hat den Wunsch nach Gemeinschaft mit uns. Findet Er einen Widerhall in unseren Herzen? Haben auch wir ein Verlangen danach, bei Ihm zu sein? Nur bei Ihm können wir wirklich Ruhe und Erquickung finden. Nur bei Ihm können wir Unterweisung für unseren Weg und Nahrung für unsere Seele empfangen. In einer Zeit, die immer stressiger und schnelllebiger wird, ist der Platz zu den Füßen des Herrn

Jesus so wichtig. Er will uns unterweisen – wie damals Maria von Bethanien (Lk 10,39). Das tut Er auch in dem Zusammenkommen als Versammlung zur Auferbauung (vgl. 1. Kor 14). Daher stellt sich ganz konkret die Frage: Liebe ich den Ort, wo Er verheißen hat, in der Mitte zu sein (Mt 18,20)? Ist es auch hierin unser Wunsch, dort zu sein, wo Er ist?

Der Antrieb für die Sehnsucht der Braut nach ihrem Bräutigam ist ihre Liebe zu ihm. Das sehen wir an den Worten: »Den meine Seele liebt.« Das ist bei uns nicht anders: Je mehr wir den Herrn Jesus lieben und seine Schönheit erkennen, desto stärker ist unser Verlangen nach der Gemeinschaft mit Ihm. Der Herr Jesus hat uns unendlich lieb, so sehr, dass Er sein Leben für uns gegeben hat. Geben wir Ihm eine Antwort auf seine Liebe, indem wir Ihn wiederlieben? Wie wachrüttelnd ist die Frage, die der Herr damals Petrus gestellt hat: »Hast du mich lieb?«. (Joh 21,17) In Kapitel 5,9 fragen die Töchter Jerusalems die Braut: »Was ist dein Geliebter vor einem anderen Geliebten, du Schönste unter den Frauen? Was ist dein Geliebter vor einem anderen Geliebten, dass du uns so beschwörst?« Daraufhin kommt die Braut ins Erzählen. Sie bewundert ihren Geliebten und beschreibt ihn von Kopf bis Fuß (V. 10-16). In dieser Beschreibung sind viele Herrlichkeiten und Schönheiten des Herrn Jesus bildhaft enthalten. Die Braut schließt ihre Beschreibung mit den Worten: »Das ist mein Geliebter, und das mein Freund, ihr Töchter Jerusalems« (V. 16b)! Dieser Schlusssatz zeigt, wie sehr die

Braut von ihrem Geliebten gefesselt ist. Beim Lesen ihrer Beschreibung gewinnt man den Eindruck, dass sie gar nicht aufhören kann, von ihrem Geliebten zu reden und von seiner Schönheit zu schwärmen. Sie kann einfach nicht schweigen von ihm, dem ihr Herz und ihre ganze Bewunderung gehören.

Was lernen wir daraus? Ist mein Zeugnis für Christus nicht vielfach deshalb so schwach, weil ich so wenig von Ihm erfüllt bin? »Denn aus der Fülle des Herzens redet der Mund« (Mt 12,34). Wie schön wäre es, wenn wir glaubwürdige Zeugen wären – nicht aus einem Pflichtgefühl heraus, sondern weil wir nicht schweigen können über seine wunderbare Person. Voraussetzung ist – wie bei dieser Braut –, dass wir uns Zeit nehmen, Ihn zu betrachten. Dann gewinnt Christus Raum in unseren Herzen und unsere Zunge »löst« sich.

Das Zeugnis der Braut hat zur Folge, dass die Töchter Jerusalems sie fragen: »Wohin ist dein Geliebter gegangen, du Schönste unter den Frauen? Wohin hat dein Geliebter sich gewandt? Und wir wollen ihn mit dir suchen« (Hld 6,1). Es ist ein Interesse bei den Töchtern Jerusalems entstanden, den Bräutigam kennen zu lernen. Auch unser Zeugnis für den Herrn Jesus sollte echt und »von Herzen kommend« sein. Es wird unsere Mitmenschen »anstecken« und bei ihnen den Wunsch hervorrufen, diesen Retter und Herrn kennen zu lernen.

Sascha Bastian,
Artikel aus der Zeitschrift Folge mir nach 04/ 2015, www.folgemirnach.de

GLAUBE

LOBPREIS

Mein Lobpreis

Ich will dich loben mit Gesang
Dich bekennen vor den Menschen
Deine Worte, o Herr,
Melodien mögen mich begleiten
Dich zu preisen
Deine Güte zu mir.
Will dich loben mit Gesang
Mit meiner Stimme
Dich ehren
Und Lobpreisen
Meine Liebe dir zeigen.
Liebe ertönt in meinem Herzen,
Fühle mich federleicht
Geliebt und geborgen.

Instrumente aller Arten

Posaunen, Trompeten, Harfen und Geigen, Instrumente aller Arten loben ihn. Durch Gesang und Chöre erklingen Tamburins, Flöten, Cellos, Kontrabässe, harmonisch im Takt seiner Herrlichkeit. Melodien leicht schwingend, unbeschreiblich schön, ertönen im Klang einer Königshymne. Heilig, heilig und erhaben bist du, o Herr, gepriesen und in Ehre gehalten.

Du bist das Alpha und das Omega

Allgegenwärtig bist du.
Deine Gegenwart ist
Überall und immer
Gegenwärtig zeitlos.
Ohne Raum und Zeit
Bleibst du heute,
Morgen und gestern
Immer gleich.
Du bist Gott
Und unvergleichlich.
Der Anfang und das Ende.
Das Alpha und das Omega.
Du bist die Ewigkeit.

Voller Ehrfurcht, Demut
Und Dankbarkeit
Will ich sein vor dir
Ein Leben lang.
Du bist die Konstante
In meinem Leben.
Du bist die Wahrheit
Schon immer gewesen.

DER WEG
DIE WAHRHEIT
DAS LEBEN

JOHANNES 14, 6

WIE UNERSCHÖPFLICH IST GOTTES REICHTUM! WIE TIEF IST SEINE WEISHEIT, WIE UNERMESSLICH SEIN WISSEN! (...) GOTT IST ES, VON DEM ALLES KOMMT, DURCH DEN ALLES BESTEHT UND IN DEM ALLES SEIN ZIEL HAT. IHM GEBÜHRT DIE EHRE FÜR IMMER UND EWIG. AMEN.

RÖMER 11, 33 U.36 NEUE GENFER ÜBERSETZUNG (NGÜ)

DENN SO HOCH, WIE DER HIMMEL ÜBER DER ERDE IST, SO GROSS IST SEINE LIEBE ZU ALLEN, DIE EHRFURCHT VOR IHM HABEN. SO FERN, WIE DER OSTEN VOM WESTEN LIEGT, SO WEIT WIRFT GOTT UNSERE SCHULD VON UNS FORT! WIE EIN VATER SEINE KINDER LIEBT, SO LIEBT DER HERR ALLE, DIE IHN ACHTEN UND EHREN. DENN ER WEISS, WIE VERGÄNGLICH WIR SIND; ER VERGISST NICHT, DASS WIR NUR STAUB SIND. DER MENSCH IST WIE DAS GRAS, ER BLÜHT WIE EINE BLUME AUF DEM FELD. WENN DER HEISSE WÜSTENWIND DARÜBERFEGT, IST SIE SPURLOS VERSCHWUNDEN, UND NIEMAND WEISS, WO SIE GESTANDEN HAT. DIE GÜTE DES HERRN ABER BLEIBT FÜR IMMER UND EWIG; SIE GILT ALLEN, DIE IHM MIT EHRFURCHT BEGEGNEN. AUF SEINE ZUSAGEN IST AUCH FÜR DIE KOMMENDEN GENERATIONEN VERLASS, WENN SIE SICH AN SEINEN BUND HALTEN UND SEINE GEBOTE BEFOLGEN.

PSALM 103, 11- 18 / HOFFNUNG FÜR ALLE (HFA)

GEFESTIGT IST MEIN HERZ, GOTT, GEFESTIGT
IST MEIN HERZ! ICH WILL SINGEN UND SPIELEN. WACHE
AUF, MEINE SEELE! WACHET AUF, HARFE UND ZITHER! ICH
WILL AUFWECKEN DIE MORGENRÖTE. ICH WILL DICH PREI-
SEN UNTER DEN VÖLKERN, HERR, WILL DICH BESINGEN
UNTER DEN VÖLKERSCHAFTEN. DENN GROSS BIS ZU DEM
HIMMEL IST DEINE GNADE, UND BIS ZU DEN WOLKEN
DEINE WAHRHEIT. ERHEBE DICH ÜBER DEN HIMMEL, GOTT,
ÜBER DER GANZEN ERDE SEI DEINE HERRLICHKEIT!

PSALM 57, 8-12 - ELBERFELDER BIBEL

PSALM 57

Melodie

Lass dein Herz zu dir sprechen. Es hat dir einiges zu sagen. Melodie des Herzens im Hintergrund harmonisch klingelnd. Ist zu hören im tiefsten Inneren deines Herzens, eine Geige, eine Harfe, ein Kontrabass und Klänge aller Arten. Rhythmus in Worten ertönen in meinen Gebeten. Ich darf alles sagen, was mir einfällt. Nichts ist dem Herrn freudestrahlender als im Herzen gut getragene Worte und Gedanken. Die Gedanken meiner Seele, mal laut, mal leise im Lobpreis ausgesprochen. Ich darf komponieren, experimentieren, improvisieren – aus meinen Gedanken resultieren Gebete, Gedichte und Lieder. Habe die Freiheit zu reden im Dialog mit dir, Vater; offen zu sagen, was ich im Herzen trage. Nach Lobpreis und Gesang, im Rhythmus meiner geistlichen inneren Melodien bin ich im Gebet und lausche. Nur du und ich im Klang vertrauter Zweisamkeit sind ein Zusammenspiel bunter Klänge.

EINS HABE ICH VOM HERRN ERBETEN,
DANACH TRACHTE ICH: ZU WOHNEN IM
HAUS DES HERRN ALLE TAGE MEINES
LEBENS, UM ANZUSCHAUEN DIE
FREUNDLICHKEIT DES HERRN UND
NACHZUDENKEN IN SEINEM TEMPEL.

PSALM 27, 4 - ELBERFELDER BIBEL

PSALM 27

Rückzug

Ich ziehe mich leise zurück
Um dir nahe zu sein.
An einen Ort uns ganz vertraut.
Ein Rückzugsort der Stille.
O Herr rede mit mir, so schweige ich.
Sag ein Wort, so höre ich
Und halte mich nach deinem Wort.

Ohne Jesus kommt niemand zu Gott

»Seid nicht bestürzt und habt keine Angst!«, ermutigte Jesus seine Jünger. »Glaubt an Gott und glaubt an mich! Denn im Haus meines Vaters gibt es viele Wohnungen. Sonst hätte ich euch nicht gesagt: Ich gehe hin, um dort alles für euch vorzubereiten. Und wenn alles bereit ist, werde ich zurückkommen, um euch zu mir zu holen. Dann werdet auch ihr dort sein, wo ich bin. Den Weg dorthin kennt ihr ja.«

»Nein, Herr«, widersprach ihm Thomas, »wir wissen nicht einmal, wohin du gehst! Wie sollen wir dann den Weg dorthin finden?« Jesus antwortete: »Ich bin der Weg, ich bin die Wahrheit, und ich bin das Leben! Ohne mich kann niemand zum Vater kommen.

Johannes 14, 1-6 / Hoffnung für alle (HFA)

IHR HABT JETZT TRAUER, ABER ICH WERDE EUCH WIEDERSEHEN UND EUER HERZ WIRD SICH FREUEN.

JOHANNES 16, 22

In tiefer Anteilnahme an die verstorbene Lobpreissängerin:

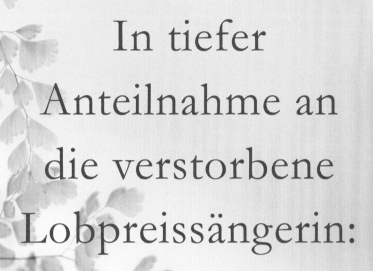

Debora Sita

*16.01.1984 – †27.05.2019

Lobpreislied »Legacy«

von ICF Worship – geschrieben von Debora Sita

Heute stehen wir auf
Wir laufen das Rennen
Wir sehn das verheißene Land
Und wir werden es einnehmen
Unsere Herzen sind hell wach
Wir stellen uns der Herausforderung
Wir wählen gehorsam zu sein
Machen Platz für Deine grossen Pläne
Da ist niemand wie Du Gott
Da ist niemand wie Du Gott
Lass mich mein Leben leben
Um Legendäres zu hinterlassen
Die Geschichte Deiner Gnade
Und was Du in mir bewirkt hast
Lass mich als Licht strahlen
Ein Strahl in die Dunkelheit
Ich halte nichts zurück
Nimm alles was Du von mir willst
Wir wissen der Preis ist hoch
Aber wir bezahlen den Preis
Was auch immer kommen mag
Wir sind hier um zu verherrlichen
Dein Reich sehen zu kommen

Dein Willen geschehen zu sehen
In jedem einzelnen von uns
Wenn Hoffnung aufsteigt
Da ist niemand wie Du Gott
Da ist niemand wie Du Gott
Lass mich mein Leben leben
Um Legendäres zu hinterlassen
Die Geschichte Deiner Gnade
Und was Du in mir bewirkt hast
Lass mich als Licht strahlen
Ein Strahl in die Dunkelheit
Ich halte nichts zurück
Nimm alles was Du von mir willst
Lass mich mein Leben leben
Um Legendäres zu hinterlassen
Die Geschichte Deiner Gnade
Und was Du in mir bewirkt hast
Lass mich als Licht strahlen
Ein Strahl in die Dunkelheit
Ich halte nichts zurück
Nimm alles was Du von mir willst
Wenn mein Kapitel geschrieben ist
Und meine Fackel weitergegeben wird
Und alle meine Tage gezählt sind
Wenn sie mich sehen
Will ich dass sie sehen
Dass mein Herz am Ende wie Dein Herz aussieht
Wenn mein Kapitel geschrieben ist

Und meine Fackel weitergegeben wird
Und alle meine Tage gezählt sind
Wenn sie mich sehen
Will ich dass sie sehen
Dass mein Herz am Ende wie Dein Herz aussieht
Lass mich mein Leben leben
Um Legendäres zu hinterlassen
Die Geschichte Deiner Gnade
Und was Du in mir bewirkt hast
Lass mich als Licht strahlen
Ein Strahl in die Dunkelheit
Ich halte nichts zurück
Nimm alles was Du von mir willst
Lass mich mein Leben leben
Um Legendäres zu hinterlassen
Die Geschichte Deiner Gnade
Und was Du in mir bewirkt hast
Lass mich als Licht strahlen
Ein Strahl in die Dunkelheit
Ich halte nichts zurück
Nimm alles was Du von mir willst
Wenn sie mich sehen will ich dass sie sehen
Dass mein Herz am Ende wie Dein Herz aussieht
Dass mein Herz am Ende wie Dein Herz aussieht
Das mein Herz am Ende wie Dein Herz aussieht

Lied: Legacy (deutsche Übersetzung bei YouTube: Legacy »with subtitles« - ICF Worship)
Text und Melodie: Debora Sita © 2012 ICF Music / Integrity's Praise! Music,
Für D, A, CH: SCM Hänssler, Holzgerlingen

Einfach Danke

Danke
Danke für
Diesen Tag

Danke
Danke für
Den nächsten Tag

Danke
Danke für
Den nächsten Morgen

Danke
Danke für
Den nächsten Abend

Danke jeden Tag aufs Neue

Danke
Danke für
Morgens, mittags und abends

Danke
Danke für
Den Atem

Danke für jeden Atemzug

Danke
Danke für
Den letzten Atem

Danke Gott fürs Leben

Warum ich meine Gedichte veröffentliche

Das Schreiben meiner Gedichte
begann, als mein Vater
sterbenskrank war.
Dieser Abschnitt in meinem Leben
war nicht gerade der einfachste,
doch der prägendste für mich.

Als mein Vater unheilbar krank war
und den Tod so nah vor Augen hatte,
half ich ihm Frieden in seinem Leben herbeizuführen,
wo es dringend notwendig war.
Mit beruhigtem Herzen ging er von uns.
Seine Krankheit war fortgeschritten
und nach medizinischer Sicht unheilbar.

Während dieser Zeit litt ich unter der Krankheit
meines Vaters. Auch litt ich unter
der Gewissheit unserer eigenen Sterblichkeit
sowie der Tatsache, nichts Eigenes
zu Stande bringen zu können.
Ich litt an Selbstzweifeln,
an der Angst zu versagen und
einen beruflichen Neuanfang nicht zu wagen.
Was kann ich denn schon, sagte ich mir.
Aber Gott machte mir Mut herauszufinden,

um was es gehen sollte in meinem Leben.
Ich fragte ihn leise im Gebet.
Wie kann ich nützlich sein?
Zu was bin ich im Leben bestimmt?
Meine Seele schrie nach einer Antwort.
»O Herr: lass es mich wissen!«

Er erhörte mein Flehen:
»Hol Stift und Papier.«
Sagte er, in Gedanken, zu mir.
Das tat ich und schrieb.
Tränen flossen, Gedichte entstanden.
Das erste Gedicht
Widmete ich meinem Vater.
Er war damals noch am Leben
und freute sich sehr.

Von ganzem Herzen schreibe ich,
was ich im Geiste vernehme,
für all diejenigen,
die es gebrauchen könnten:
Ein Gedicht.
Ich möchte Menschen
erreichen und helfen
und die Frohe Botschaft
des Evangeliums weiter tragen.
Ich wünsche Dir mit dem, was ich schrieb,
ein Nachdenken über das Leben und die Gewissheit,

dass Du weisst, wie gewollt und geliebt Du bist.
Ich wünsche Dir, dass die Einsicht Dir kommt,
wie wunderbar geschaffen und wie schön Du bist.
Dass Du Deinen Wert nicht an anderen misst.
Sei Dir sicher, dass Du in Deiner Einzigartigkeit
wertvoll und nützlich bist.

Werde in dem glücklich, wofür Du in Gottes Augen
geschaffen bist
und nutze Deine Fähigkeiten, Talente,
Deine Begabungen und Deinen Glauben.
Werde mutig bei allem, was Du tust
und habe einfach Gottvertrauen.
Das wünsche ich Dir aus tiefstem Herzen.

Es freut mich sehr, dass Du Dir die Zeit genommen hast
mein Buch zu lesen.

Debora Chayil

»Die beiden wichtigsten Tage

Deines Lebens

sind der Tag,

an dem du geboren wurdest,

und der Tag,

an dem Du herausfindest,

warum.«

Mark Twain

Debora Chayil

Foto: Alexander Vejnovic

Die Autorin Debora Chayil erlebte, wie Gott mehrfach schützend in ihr Leben eintrat und wirkte. Ihre erlebten außergewöhnlichen Grenzerfahrungen prägen ihren lyrischen Schreibstil. Debora Chayils Gedichte sind unkonventionell, ausgefallen, tiefgründig und ehrlich. In einigen poetischen Werken dichtet sie ohne Filter und ermöglicht so den Einblick in ungewöhnliche Lebenssituationen. Debora Chayil beschreibt generationsübergreifend eine besondere Liebe: Die Liebe Gottes. Durch das Wort Gottes verbreitet sie Hoffnung, Trost und Zuversicht. Ihre Gedichte behandeln die vielfältigsten Themen. Liebe und Glaube jedoch sind ihr zu einer Herzensangelegenheit geworden. Debora Chayil ist in Afrika geboren und in Deutschland aufgewachsen. Sie ist Diplom Sozialpädagogin, Songwriterin und Autorin. Sie lebt mit ihrem Mann und ihren drei Kindern in Frankfurt. *www.chayil.de*

Danksagung

Ich danke Gott meinem Schöpfer und Vater,
der mich auserwählt und befähigt hat,
dieses Buch zu schreiben.
In allen Ehren danke ich Jesus Christus, dem Schöpfer meines
Glaubens und maßgebenden Träger grenzenloser Liebe.
Ihm widme ich insbesondere mein künstlerisches Werk
als Ausdruck seiner Liebe.
Ich danke dem Heiligen Geist für jede geistliche
Offenbarung.
Ich danke für jedes unterstützende Gebet und jede Ermutigung.
Ich danke meiner Mutter, die mich zur Welt gebracht hat,
die ich zutiefst liebe.
Ich danke meinem verstorbenen Vater, der sein Bestes
gegeben hat und für mich sorgte.
Ich danke meinem Mann für sein Verständnis
und seine Güte.
Ich danke meinen Kindern, die ich sehr liebe.
Ich danke allen, die Probe gelesen haben,
insbesondere danke ich Sylvia Walch.
Auch danke ich meiner Grafikdesignerin Renate Schlicht
für die wertvolle Zusammenarbeit zur Realisierung
meines Buches.

Inhalt